T0149398

La percepción de los espacios asiáticos en las letras hispanoamericanas

León Chang Shik

authorHOUSE®

AuthorHouse™ LLC
1663 Liberty Drive
Bloomington, IN 47403
www.authorhouse.com
Phone: 1-800-839-8640

© 2014 León Chang Shik. All rights reserved.

No part of this book may be reproduced, stored in a retrieval system, or transmitted by any means without the written permission of the author.

Published by AuthorHouse 09/09/2014

ISBN: 978-1-4969-3811-4 (sc)
ISBN: 978-1-4969-3810-7 (e)

Library of Congress Control Number: 2014915981

Any people depicted in stock imagery provided by Thinkstock are models, and such images are being used for illustrative purposes only. Certain stock imagery © Thinkstock.

This book is printed on acid-free paper.

Because of the dynamic nature of the Internet, any web addresses or links contained in this book may have changed since publication and may no longer be valid. The views expressed in this work are solely those of the author and do not necessarily reflect the views of the publisher, and the publisher hereby disclaims any responsibility for them.

Para mis sun kun tens
(Alejandra Karina Carballo y Carolina A. Chang Carballo)

Para mi madre Kwan Ying Shik de Chang y para la
inolvidable memoria de mí padre Eulogio Chang Chun
que en paz descanse. Sin sus apoyos incondicionales
este proyecto no se habría realizado.

INDICE

AGRADECIMIENTOS

Mis agradecimientos en este proyecto de investigación son muchos e interminables. En consecuencia el reconocimiento de ellos aquí es muy incompleto e inadecuado. Primero, ninguna cantidad de gracias y apreciación es suficiente para compensar el tiempo y la dedicación que mi esposa, colega y amiga Alejandra Karina Carballo tuvo para hacer las múltiples lecturas de cada capítulo cuestionando los puntos débiles y haciendo innumerables recomendaciones tanto en la escritura como en la lectura para mejorar la lógica, la estructura y lectura de cada capítulo.

A mi mentor y amigo José Gomáriz, también le doy las gracias por su tiempo y su dedicación. José me presentó nuevas perspectivas para interpretar y analizar no sólo el Modernismo hispanoamericano sino que me ofreció las herramientas necesarias para ser un pensador más crítico y un escritor más prolijo.

Mis gratitudes también van dirigidos a Roberto G. Fernández, Jean Graham-Jones y Ernest Rehder, sus sugerencias y sus diferentes perspectivas sobre los estudios literarios estarán siempre conmigo. Un agradecimiento en especial va dirigido a Christopher Shinn también. Sus comentarios y sugerencias relacionados a la presencia asiática en la literatura Hispanoamérica y el nuevo campo de estudios y de investigaciones conocido como AfroAsia serán investigados y analizados con profundidad. Por último, pero no menos, quiero darles las gracias a Donald Gene Pace. Su constante interés en mi investigación y en mi futuro profesional, me motivó a que esta publicación sea realidad. También le agradezco a Juan Carlos Hernández-Cuevas por su tiempo, sus sugerencias en uno de los capítulos y por sus interminables charlas tanto académicos como filosóficas. Asimismo le agradezco a Jorge Salvo por sus tertulias interdisciplinarias con cafes de por medio.

RESUMEN

Este proyecto analiza las diversas formas en que la representación del espacio se ha utilizado para la construcción de Asia, especialmente de China y de Japón, por los escritores hispanoamericanos del siglo XIX y XX. Me aproximo a este estudio con una comprensión del espacio como una construcción social delineada por la relación del sujeto con el conocimiento adquirido a través de lecturas y experiencias reales vividas en Asia. Los principales autores estudiados son José Martí, Julián del Casal, Rubén Darío, Enrique Gómez Carrillo, José Juan Tablada y Efrén Rebolledo. Mi marco teórico está basado en las teorías geográficas de Michel Foucault, Benedict Anderson y Henri Lefebrve. Mediante la lectura de representaciones de espacios (práctica espacial, representaciones del espacio y los espacios de representación) de varios escritores hispanoamericanos a través de una representación geográfica del paisaje como construcción social, respondo al creciente interés de los estudiosos como Julia Kushigian y Araceli Tinajero para estudiar las complejidades de Asia como una construcción espacial del orientalismo hispano y su relación con Asia por los escritores hispanoamericanos del siglo XIX y XX.

En la primera parte de este proyecto, analizo cómo los escritores hispanoamericanos que no han hecho el viaje al extranjero describen y representan Asia en sus escritos, sobre todo en cuentos, novelas y poesía, donde construyeron una Asia que imaginaban y anhelaban visitar. En la segunda parte, se examina la construcción de Asia y la representación de los temas orientales por los escritores hispanoamericanos que efectivamente viajaron a Asia para experimentar sus sensaciones pre-existentes. Es aquí donde comparo y contrasto las diferencias y similitudes entre los viajeros intelectuales que no viajaron, en comparación con los que experimentaron y vivenciaron Asia a través de la travesía. Los escritores que visitaron Asia añaden una nueva perspectiva a la imagen del lejano oriente. El discurso del espacio percibido y vivido relatado en los escritos de Enrique Gómez Carrillo y José Juan Tablada antes de emprender su viaje, no es el mismo discurso del espacio concebido e imaginado una vez experimentada la visita.

Por último, me comprometo a presentar un estudio acerca el orientalismo hispano de las primeras décadas del siglo XX. En esta sección me concentro en las construcciones, representaciones e interpretaciones de Efrén Rebolledo, un autor mexicano que escribió *Rimas Japonesas*. Mi intención en este capítulo es comparar y contrastar el discurso utilizado por los escritores de fines del siglo XIX, con el discurso de los primeros escritores del siglo XX sobre Asia y ver si las nuevas percepciones y perspectivas han sido aplicadas por el escritor del nuevo siglo para (re)construir el imaginario asiático presentado en textos tempranos, o si (de)construyen la percepción fantaseada de Asia, ofreciendo una representación mucho más rica y confiable del lejano Oriente.

CAPITULO PRIMERO

LA REPRESENTACION DE ASIA EN LAS LETRAS MODERNAS HISPANOAMERICANAS

> Viaje, s. f. (Gram.) el transporte de
> su persona de un lugar donde uno
> está, a otro bastante alejado. Todos
> tenemos que hacer una vez el gran
> viaje.
>
> Jancourt, Enciclopedia

Introducción

El argumento principal de este libro indaga cómo los escritores modernistas construyen el espacio físico, cultural y social asiático en sus crónicas y sus diarios de viaje. Esta construcción del espacio está basada en las descripciones de imágenes adquiridas por medio de las lecturas y de las experiencias vividas a través de viajes emprendidos al Lejano Oriente. Uno de los componentes fundamentales de este proyecto consiste en analizar y contrastar el discurso de Julián del Casal, José Martí y Rubén Darío, quienes no se embarcaron en la travesía del viaje y centraron en sus escritos la transmisión de sus experiencias del mundo oriental a través de imágenes captadas por medio de las lecturas. El otro consiste en los que sí tuvieron la oportunidad de trasladarse y disfrutar del mundo asiático, entre ellos José Juan Tablada, Enrique Gómez Carrillo, Efrén Rebolledo, entre otros. Las diferencias observadas en ambos discursos son muy sugerentes, a la vez que hacen explícitos los objetivos de sus narraciones. Por un lado, los escritores que no viajaron a Asia presentan imágenes discordantes con la realidad expuesta por aquellos que estuvieron presentes en el Lejano Oriente. El discurso de los que no viajaron ofrece imágenes exóticas y preciosistas que no hacen más que estimular la imaginación sobre el Oriente ya existente. Por el otro lado, si bien el primer impulso al viaje fue inducido por las lecturas, las preconcepciones de los escritores que realizaron el viaje sufrieron un cambio al encontrarse con la realidad asiática; para aquellos que en un principio buscaron describir el exotismo soñado terminaron describiendo en sus textos la cotidianidad del país visitado. Los temas centrales ya no eran lo extravagante, lo exótico y lo mundano, sino la fiel y grata descripción cultural del espacio y paisaje físico.

Ambos grupos de escritores hispanoamericanos partieron de una misma visión de Asia. Todos fueron influenciados por los relatos y las experiencias de los escritores / viajeros europeos que se embarcaron en el largo viaje al Lejano Oriente. La gran diferencia entre las distintas perspectivas de los escritores hispanoamericanos es la realización y culminación del viaje al país del cual tanto habían leído y tal vez estudiado. Otra distinción y quizás la más importante entre los escritores de América Latina de fines del siglo XIX es que los que viajaron a Asia llevaron consigo una imagen preconcebida del espacio físico y cultural asiático. Por eso, estos escritores / viajeros pudieron transmitir una imagen más elaborada y concisa de la de los que solamente visualizaron Asia a través de los escritos de otros escritores o representaciones artísticas y decorativas de artefactos culturales que son distintivos de la cultura oriental.

En este estudio no se hará referencia al Oriente árabe-musulmán que emplean los críticos europeos al contextualizar estas regiones geográficas. La perspectiva occidental del Oriente por un lado se extiende desde África del norte (Marruecos, Argelia y Túnez) hasta Egipto, Siria, Líbano, Turquía, India y los países limítrofes. Por otro lado, la distribución geográfica del Lejano Oriente consiste de Japón, China, Corea, Singapur y Vietnam. También incluiremos Hong Kong, Shangai y Macao como las ciudades más frecuentemente visitadas y descritas en las crónicas y los relatos de viaje de los viajeros que hicieron escala a bordo de los vapores trasatlánticos.

En nuestra investigación al hablar de Asia o del Lejano Oriente nos referiremos a los países asiáticos como Japón, China, Corea y Singapur respectivamente. Los escritores y los viajeros cronistas escogidos para este análisis enfocaron sus escritos en Japón y China. Nuestro propósito no es el de ampliar ni de abordar los conceptos de Oriente y Lejano Oriente en sus facetas históricas, políticas y literarias sino de reflexionar sobre la realidad visual del espacio asiático concebido y vivido por los escritores y cronistas que la imaginaron de aquellos que la vivieron a través de las crónicas y los relatos de viaje.

A lo largo de nuestra investigación demostraremos cómo los cronistas que viajaron con nociones previas del Lejano Oriente llegaron a la conclusión de que las imágenes preconcebidas sobre Asia no reflejan la realidad visual del espacio oriental concebido. En nuestro estudio nos limitaremos a la poesía y a la prosa en especial al cuento, a la crónica y a los relatos de viaje de escritores y viajeros hispanoamericanos que expresaron una gran fascinación por la cultura y el arte proveniente del Lejano Oriente durante la época del Modernismo hispanoamericano.

Marco teórico

El marco teórico que encuadra el argumento de este trabajo se nutre de dos fuentes principales. Para analizar la construcción del espacio oriental en las crónicas y los relatos de viaje vamos a apoyarnos en las ideas que Benedict Anderson expresa en *Imagined Communities* (1987) y dilucidar si el discurso de los escritores modernistas que no viajaron al Lejano Oriente responde a la invención y a la creación de lo que el crítico denomina "comunidades imaginadas." Anderson las define como una comunidad política imaginada limitada y soberana. También agrega que estas comunidades deben ser distinguidas no por su falsedad o autenticidad, sino por la forma en que son imaginadas. Dichas comunidades son imaginariamente limitadas, porque todas tienen un espacio geográfico definido y todas son percibidas frente a otras comunidades de las cuales son distintas de otras naciones. Además, las comunidades descritas en las crónicas y en los poemas de aquellos escritores que no emprendieron el viaje son imaginadas porque la percepción de estas comunidades imaginarias surgió durante la época de la Ilustración y la Revolución francesa cuando se estaba destruyendo la legitimidad del ordenamiento divino y la jerarquía monárquica. Es imaginada como una comunidad porque a pesar de las diferencias y desigualdades entre sus componentes, la nación siempre se concibe con una "profunda y horizontal camaradería" (6-7). Sin embargo, es esta camaradería une a muchos de los cronistas hispanoamericanos a seguir imaginando y creando una visión exotista y deslumbrante del Lejano Oriente.

Al analizar los poemas, las crónicas y los relatos de viaje de escritores hispanoamericanos a través del concepto de comunidades imaginadas de Benedict Anderson podemos visualizar y contextualizar la imagen que dichos escritores tenían del Lejano Oriente; por lo tanto, dichas "comunidades deben ser distinguidas... por el estilo en que son imaginadas" (Anderson 1991: 3). Es decir, cada poeta, escritor y cronista construía su propia interpretación del espacio tanto físico como cultural asiático. Dicha construcción varía de la percepción, de la experiencia y del uso que el autor desea transmitir de Asia a sus lectores. El artículo de Michel Foucault "Of Other Spaces" (1986) nos permite formular un acercamiento al concepto del espacio en las crónicas y los relatos de viajes de los escritores hispanoamericanos que tenían una visión del espacio asiático. En dicho artículo se establece la diferencia entre nuestra presente conceptualización del espacio y las nociones cartesianas del mismo. Al señalar las dinámicas inherentes de la noción del espacio común, Foucault explica que, "el sitio es definido por las relaciones de proximidad entre puntos o elementos [y] el espacio toma las relaciones de la forma entre sitios" (23). Dichas perspectivas nos permitirán analizar la construcción del espacio en el cual el cronista vive, experimenta y desarrolla su idea de lo oriental desde su propia perspectiva.

Además de emplear el concepto del espacio planteado por Foucault, nuestro análisis del discurso sobre la construcción del espacio asiático proviene de las recientes conexiones teóricas que Julia A. Kushigian y Araceli Tinajero han establecido en sus investigaciones sobre el orientalismo en los países hispanoamericanos. En su estudio *Orientalism in the Hispanic Literary Tradition* (1991) Kushigian explica que el orientalismo hispanoamericano se aproxima al Oriente y al "otro" sin espíritu de confrontación sino que incita a intensificar las perspectivas del encuentro entre las dos culturas (12).[1] Mientras que Tinajero en *Orientalismo hispanoamericano* (2004) propone una interpretación del Lejano Oriente desde dos perspectivas. Primero analiza cómo el cronista modernista representa a los individuos orientales en su travesía por Asia. En segundo lugar, examina cómo los escritores que no viajaron a Asia se inspiraron por medio de "textos literarios, históricos, de arte, y en artefactos culturales como la pintura, la alfarería y la escultura" (1) para construir una visión e imagen del Lejano Oriente. Los estudios de Tinajero muestran que el discurso orientalista hispanoamericano hacia el Oriente Medio y el Lejano Oriente son muy distintos de las perspectivas empleadas por Said. El acto de concederle la voz al "otro" y de analizar las relaciones binarias de centro y periferia, además de interpretar el encuentro de las dos naciones desde la periferia, y/o estudiar las relaciones desde una periferia a otra ofreció distintas alternativas de representar y de construir al Oriente en general. Por lo tanto, estudiar el Lejano Oriente desde una perspectiva exclusivamente hispanoamericana sin la influencia de textos y perspectivas europeas enriquecería mucho más los puntos de contacto. Los estudios críticos ya existentes sobre el Oriente y el Lejano Oriente son bastante detallados y diversos. Ivan Schulman en su ensayo *Sobre los orientalismos del modernismo hispanoamericano* (2001) comenta en una nota que, "las dimensiones del tema eran extensivas y para abarcar todas las perspectivas sería necesario escribir un libro" (33). Sin embargo, en dichas interpretaciones no se analiza la construcción de los espacios físicos, culturales y sociales orientales de las experiencias percibidas y vividas por los escritores viajeros versus un espacio asiático preconcebido por el escritor mediante lecturas sobre el Lejano Oriente.

Para cuestionar la construcción espacial de Asia en la poesía, las crónicas y los relatos de viaje de los viajeros que no viajaron versus la de aquellos que emprendieron la travesía al Lejano Oriente recurro a las teorías del espacio empleadas por el geógrafo francés Henri Lefèbvre. En *The Production of Space* (2004) Lefèbvre introduce una distinción entre el espacio concreto y el abstracto. El espacio concreto es el de los ademanes y el de la travesía del cuerpo, la memoria, de los símbolos y de los sentidos. Este contenido concreto del tiempo inscrito en el espacio se interpreta erróneamente por ideas que recurren al espacio abstracto de la visión y de la geometría. El espacio abstracto puede ser medido a través de los arquitectos que trabajan con este espacio, es decir, la construcción del espacio en papel está dividida y clasificada según los niveles de los espacios vividos.

Los críticos han notado que para entender el espacio físico se necesita comprender los espacios concretos y abstractos a la misma vez. El espacio es una construcción mental y material. Esto nos provee con un tercer término entre los polos de concepción y percepción, la noción de lo vivido. Lefèbrve argumenta que el espacio y el tiempo del individuo permanecen a la mitad entre lo natural y lo abstracto. El espacio y el tiempo socialmente vivido y producido dependen del desarrollo del mismo espacio físico. Es debido a estas aproximaciones que Lefèbvre deriva su práctica espacial en representaciones de espacios y espacios de representaciones. Es decir, Lefèbvre establece una distinción entre la práctica espacial, la representación del espacio y el espacio de representación como espacios que abarcan múltiples intersecciones que contienen sus ubicaciones asignadas (33). Sin embargo es importante explicar estas distinciones. Según Lefèbvre, la práctica espacial se asocia a la utilidad del espacio y la relación entre la percepción, la realidad y la rutina diaria de la sociedad en ese espacio. Dicho concepto se relaciona exclusivamente con la experiencia cotidiana que tiene el autor y/o el cronista dentro del espacio social y cultural asiático narrado en sus escritos. Es decir, la experiencia cotidiana del autor está asociada con su percepción, y con la representación del sujeto asiático, la naturaleza, la ciudad y los objetos orientales descritos en los poemas y las crónicas de aquellos escritores que no viajaron al Lejano Oriente.

Lefèbvre también sostiene que la representación del espacio se forma a través de signos y números. Este espacio viene a ser el de la planificación urbana de los tecnócratas, de los arquitectos y el de algunos artistas. El espacio de representación provee el espacio existencial o vivido por medio de asociaciones de símbolos e imágenes. Estas distinciones entre los tres espacios (percibidos, concebidos y vividos) son los que según Lefèbrve se relacionaría con la crónica y con la literatura en particular. Además, de acuerdo al filósofo francés, estas distinciones se encuentran dialécticamente relacionadas entre ellas mismas (38-39).

Este esquema lefebvriano presenta una unión entre espacio físico, mental y social. El primero de estos toma la forma física del espacio, es decir, el espacio real, un espacio que es generado y utilizado. La segunda forma del espacio es la del conocimiento, la lógica, los mapas, las matemáticas, el espacio instrumental de ingenieros civiles, de exploradores urbanos y de navegadores y exploradores. La tercera percibe el espacio producido y modificado con el transcurso del tiempo a través del uso de símbolos y significados. Entonces, el escritor antes de escribir sobre China y Japón y/o el Lejano Oriente concibe el espacio físico Oriental imaginado a través del trabajo mental, la tecnología y las instituciones sociales. Luego lo moldea según sus perspectivas transformándolo tal cual es percibido por grupos y clases sociales que hayan experimentado y vivido en Asia. Por último, dicho espacio concebido se re-construye más de una vez debido a las múltiples experiencias de aquellos que la experimentan. W. J. T. Mitchell en *Landscape and Power* (2002) explica que "landscape is a medium not only for expressing value but also for expressing meaning, for communication between persons" (15). El espacio en definitiva es una construcción social e ideológica.

La producción estética del espacio se encuentra en la experiencia social del cronista. La experiencia social, es decir, el viaje intelectual o el físico, produce la creatividad necesaria para que el escritor cronista construya el espacio físico imaginario en sus textos. Esta experiencia social siempre es ideológica según Louis Althusser quien en su artículo *Ideology and Ideological State Apparatuses* (1965) sostiene que: "la ideología es la representación imaginaria de las relaciones individuales de sus verdaderas condiciones de existencia" (155). Siguiendo este pensamiento, se podrá deducir que toda representación del espacio asiático en las crónicas y los relatos de viaje es ideológica, ya que el cronista reproduce las condiciones imaginadas de la existencia de un determinado espacio. La representación del espacio en las crónicas y los relatos de viaje es en sí misma un ejercicio ideológico que se produce por la experiencia histórica, social, económica y cultural del viajero.

Si el espacio asiático de las crónicas y los relatos de viaje de los cronistas se generaran a través de la experiencia social, la representación del espacio en las crónicas poseería el potencial de convertirse en un mecanismo ideológico de producción de un espacio discursivo propio determinado por sus condiciones reales de existencia. Por eso es importante establecer la diferencia entre los escritores que no hicieron el viaje frente a aquellos que viajaron al Lejano Oriente. Los que viajaron llevaron consigo la ideología establecida y en ciertas ocasiones buscaban la misma Asia descrita en las crónicas leídas, un buen ejemplo es Efrén rebolledo. También existieron cronistas que desmintieron el discurso ideológico establecido en las crónicas tradicionales y describieron Asia desde sus propias perspectivas. En otras palabras, estos escritores/ viajeros emprendieron la travesía para experimentar y explorar el Asia descrita, pero al arribar al lugar tanto añorado encontraron un Asia no tan mágica, misteriosa y sobre todo tan exótica y perfecta como les fue presentado antes del viaje. Por lo tanto, algunos viajeros-cronistas decidieron escribir su propia interpretación y experiencias del país visitado.

El concepto del viaje y su significado a través de las épocas

El *Dictionary of Literary Themes and Motifs* (1988) explica que "el viaje se ha manifestado como uno de los temas más fundamentales, extendidos y perdurables en la literatura mundial" (1292). Sin embargo, el viaje según el *Diccionario de la Real Academia Española de la Lengua* (2001) se refiere a "la acción y al efecto de viajar. Traslado que se hace de una parte a otra por aire, mar o tierra. También se asocia a la relación, libro o memoria donde se relatan las descripciones y las observaciones del viajero" (2294). El viaje consiste en el rompimiento de las regularidades cotidianas en las sociedades. Al viaje se le une el interés de descubrir y el deseo de valorar por medio de la escritura el relato de lo experimentado. Al describir la experiencia de la travesía y las primeras impresiones del encuentro, la escritura adquiere un significado cultural produciendo así un interés informativo que lo habilita como objeto de consumo para todo lector interesado por descifrar las sensaciones y las emociones descritas en el texto de viaje. Según Casey Blanton en *Travel Writing* (1997), los libros de viaje son vehículos cuyo propósito principal es presentarnos al "otro" y que típicamente dramatizan un contacto entre uno mismo y el mundo inexplorado, que es una forma de enfocarse en las diferentes maneras de observarse a uno mismo y a ese mundo extraño que resuena dentro de cada trabajo (XI). Por su lado, Lorenzo Silva en *Viajes escritos y escritos de viajeros* (2000) argumenta que no se puede dar una definición exacta de lo que es la literatura de viaje. Según el mencionado crítico, este tipo de literatura es ampliamente estudiada en la literatura anglosajona como un subgénero literario en la crítica de los estudios de dicha literatura (11); pero la crítica hispanoamericana debido a otros elementos representativos dentro de la crónica y el período en que ésta surgió, no se aproximó desde la misma perspectiva o siguiendo los mismos lineamientos que la crítica anglosajona. Aún así, se sostiene que la literatura de viaje está compuesta de todos aquellos textos literarios que tienen el concepto del viaje de un modo u otro como motivo o estructura, prestando atención al fenómeno del desplazamiento, ya sea real, imaginario, espiritual o psicológico clasificándose la crónica modernista del siglo XIX bajo esta categoría.

El viaje dependiendo de la época adquiere distintos grados de objetividad. En los siglos del Encuentro, los relatos de viajeros enriquecieron la mente de la sociedad tanto culta, por medio de la experiencia de la lectura, como la de las clases populares a través de las narraciones orales de los acontecimientos ocurridos en el Nuevo Mundo. Durante el periodo del Encuentro, los diarios de viaje de Cristóbal Colón describieron la sucesión de los eventos por el océano y el primer encuentro con el indígena nativo de Hispanoamérica. En los procesos de la conquista, Hernán Cortés narró las acciones militares de los soldados españoles en sus cartas de relación. Éstos escritos también fueron utilizados para proporcionar información del progreso logrado durante la expansión del imperio español en el Nuevo Mundo. La mayoría de dichos textos fueron enviados a los Reyes Católicos para justificar e intensificar la presencia española en los territorios descritos.

Lilianet Brintrup en *Viaje y escritura* (1992) explica que, "durante todo el siglo XVI [se instruyó] al viajero para que llevara consigo un diario personal como una manera de registrar información sobre países desconocidos y, al mismo tiempo, se estimulaba... la producción de una narración de viaje a partir de otra" (5). Dicha recomendación dio origen a "la mejor épica escrita en castellano" (161) según José Miguel Oviedo.[2] Uno de los textos más importantes producidos durante la conquista, además de las cartas de relación de Hernán Cortés, fue el poema épico *La Araucana* (1569) de Alonso de Ercilla y Zúñiga. El poeta en dicha épica fue testigo y/o autor de los eventos que describía, y por lo tanto se podría considerar como perteneciente al canon de los relatos de viaje debido a que el propio autor es quien describe la realidad física del paisaje y los sucesos históricos del Nuevo Mundo para sus lectores.

La relación entre el viaje y la literatura cambia en el siglo XVII. El arte de escribir lo experimentado durante la travesía comparte una íntima relación con la excentricidad del ambiente físico y sociocultural del país. El simple hecho de narrar las sensaciones producidas a través del viaje surgió mucho antes de la época modernista. Estas sensaciones fueron descritas por Carlos de Sigüenza y Góngora en los *Infortunios de Alonso Ramírez* (1690) donde el autor narra sus experiencias del viaje de Acapulco a Manila. También existen textos históricos como el *Viaje a la Nueva España: México a fines del siglo XVII* (1697) de Juan Francesco Gemelli Carreri donde documenta los barcos cargueros que transportaban mercancía y artículos asiáticos provenientes de Manila que desembarcaban en el puerto de Acapulco.[3]

El siglo XVIII abre otras puertas con respecto al concepto de lo que es la literatura de viaje. Mary Louise Pratt en *Imperial Eyes* (1992) comenta sobre dos eventos significativos ocurridos en 1735 que cambiaron las perspectivas concernientes al concepto de viaje y a la definición de literatura de viaje. El primero fue la publicación del libro de Carl Linné, *Systema Naturae* (1758), donde explica cómo clasificar y categorizar la flora y la fauna. El otro evento que reformuló la definición y el interés por la literatura de viaje fue la primera expedición internacional científica para determinar la forma física del planeta (15). No obstante, los viajes exploratorios científicos con datos, números y bases teóricas fueron los que intensificaron el entusiasmo por el deseo de explorar el mundo a través de la lectura y la imaginación de las nuevas fronteras y culturas tanto para el explorador como para el lector.

Ivan Schulman en *Las literaturas hispánicas* (1991) explica que la literatura de viaje en Hispanoamérica "es didáctica, crítica, de intención reformista [ya que] se manifiesta en obras de auto-conocimiento geográfico" (152) tanto para quien la escribe como para el que la lee. Un ejemplo de este auto-conocimiento geográfico son los relatos de *El lazarillo de ciegos caminantes* (1775) de Alonso Carrió de la Vandera, un viajero español quien en una travesía por los virreinatos de La Plata, partiendo desde Montevideo hacia Lima, con escalas en Buenos Aires, Córdoba, Salta y Cuzco narra las aventuras del indio Calixto Bustamante. Schulman nos aclara que "[Calixto Bustamante sirvió] de copiador a Alonso Carrió y por este motivo se ha creído que Bustamante es el autor de *El lazarillo de ciegos caminantes*. Pero cartas de Carrió a funcionarios españoles y estudios actuales han probado que el verdadero autor es Alonso Carrió" (64). Además, según Schulman este relato contiene aspectos "informativo[s], de tono burlesco, con características picarescas [para] criticar la sociedad y las instituciones de la época colonial" (152).

Después de las luchas por la independencia en Hispanoamérica, las extensiones geográficas de los países cambian; se trazan nuevos límites, se establecen nuevas ideologías y emergen nuevas repúblicas con gobiernos autónomos. La redistribución del territorio en los países de América Latina atrajo una cantidad de viajeros europeos que formaron lo que se llegó a llamar "el descubrimiento de América por los viajeros, una época en que la curiosidad de los espíritus se tornó hacia el Nuevo Mundo como consecuencia de las grandes expediciones científicas" (Medina viii). A finales del siglo XVII y comienzos del XVIII, tanto el viajero europeo, como el hispanoamericano comienza a viajar no sólo con el deseo de observar, sino que ya tiene deseos de escribir y narrar sus vivencias. Muchos de los textos escritos durante este período tuvieron la noción de recopilar, preservar y transmitir los datos y los eventos a un público que desconocía el mundo del otro lado del océano. Estos escritos eran la base para el establecimiento de un discurso científico con el objetivo de tener una justificación para el viaje. El discurso científico se presencia en los textos de los viajeros ingleses, franceses y alemanes a Venezuela, especialmente en el área del Amazonas, considerados para muchos de ellos como el paraíso natural del mundo. También hay que mencionar otras zonas del mismo país como el Lago de Maracaibo, Valencia y Carabobo como las áreas más visitadas por los científicos europeos durante el siglo XVIII, debido a la inmensa variedad de flora y fauna para estudiar y clasificar. Sin embargo, otros textos ofrecieron la intención de revelar y de exponer al público un mundo desconocido y no visitado por el lector. En este caso, el viaje fue más bien inspirado en textos literarios, históricos, de arte y artefactos culturales como la pintura y la escultura para construir la imagen y el espacio ya sea de un objeto o de un país lejano preconcebido. El mismo viajero es a la vez un ávido consumidor de textos de viaje y es en este momento en el que el viajero empieza a escribir y a vender su texto como obra literaria no sólo por el dinero que necesita para subsistir, sino que a la vez busca una redefinición del viajero como escritor y observador activo del paisaje narrado.

En el presente, el siglo XIX no sólo se recuerda como el período en que se concretaron las independencias de los países latinoamericanos, sino que también es conocido como una etapa de experimentación y de transformaciones en la política, la diseminación de las ideas en las artes y especialmente en el área de las ciencias. El más novedoso de los inventos que uniría el occidente con el Lejano Oriente sería el vapor transatlántico. Con los avances en los medios de transporte, la travesía del viajero hispanoamericano se convierte en realidad, facilitándose el hecho de que los escritores y los cronistas viajaran a otras partes del mundo. Estas invenciones mecánicas y tecnológicas ayudaron a crear una nueva forma de vida entre los miembros de la burguesía criolla. El criollo adinerado consideraba París como el centro articulatorio social, pero sobre todo cultural de la modernidad; el cosmopolitismo es uno de los elementos indispensables y París poseía las características cosmopolitas sobre todo en las últimas décadas del siglo XIX.[4] La ciudad se transforma en el indicador del cambio sobre todo en las últimas décadas del siglo XIX.[5]

En los países hispanoamericanos, la ciudad colonial representaba el orden y el poder ejercido por los españoles. Ésta desaparece en los centros urbanos donde el capitalismo industrial empieza a reemplazar los símbolos del poder español como la iglesia y la alcaldía con calles repletas de bulevares y plazas que proveen el nuevo impulso del comercio y de una clase adinerada que desea obtener los bienes y los servicios que el fruto del capitalismo industrial le ofrece. Además de dichas comodidades, la pequeña burguesía nacida del rápido crecimiento económico, emprende su viaje como uno de los lujos del que dispone. Sin embargo, el destino de los viajeros deja de ser exclusivamente Europa y África, la periferia mediterránea y Asia entraban a formar parte del discurso de viaje. Si al viaje se le une el interés por descubrir, de ampliar y de valorar por medio del relato, entonces este discurso responde a la necesidad de confrontar el espacio oriental preconcebido y convencionalmente moldeado según los gustos de la clase acomodada.

El magnetismo que se produjo en el imaginario europeo hacia el Lejano Oriente se remonta al principio y a la segunda mitad del siglo XIX propulsado por sucesos culturales y artísticos. Uno de los eventos artísticos más sobresalientes del siglo XIX fue la publicación de la primera novela hispanoamericana *El periquillo sarniento* (1816) de José Joaquín Fernández de Lizardi. En dicha novela el autor narra la travesía y las aventuras del periquillo desde Acapulco a Manila. Según Tinajero, "en su regreso del Oriente el periquillo se lleva a vivir a un chino a México. El chino sirve de vocero de los ideales de Lizardi" (22-23).[6] Otro evento de mucha importancia histórica que dejó atónitos a los países occidentales fue la confrontación ruso-japonesa de 1905. Los japoneses derrotaron a Rusia, y esta última invadió partes de Corea y Manchuria. Las causas de la guerra fueron las diferencias expansionistas que existían entre Rusia y Japón en relación a dichas áreas. La guerra comenzó el 18 de febrero de 1904 después de un ataque sorpresa de la marina japonesa contra los barcos rusos anclados en el puerto chino de Port Arthur en la Península de Liaotung. El 28 de marzo la marina japonesa bajo las órdenes del almirante Togo destruyó la flota naval rusa. El 11 de mayo los japoneses derrotaron por tercera vez al ejército ruso en la batalla del Yalu, río fronterizo entre China y Corea. Finalmente, el 5 de septiembre Estados Unidos logró que se firmara un tratado de paz entre las dos naciones. En dicho tratado Rusia cedió partes de las islas Sajalin, reconoció los derechos de Japón sobre Corea y concedió derechos de pesca en Siberia a Japón.

Otro evento de gran importancia que sedujo y atrajo tanto al escritor y/o cronista europeo, como al hispanoamericano, a experimentar el Lejano Oriente fueron las exposiciones y ferias de artes asiáticas en la gran metrópolis del siglo XIX, París. Exposiciones como la *International Exhibition* de Londres en 1862 y las *Expositions Universelles* de París llevadas a cabo de 1867 a 1889, y en Viena en 1873, ofrecieron las primeras muestras de pinturas y objetos artesanales de la cultura artística oriental al espectador hispanoamericano y europeo (Conte-Helm 21). Además de las exposiciones y las ferias de artes orientales, la cultura occidental disfrutó de largas horas de lecturas producidas por escritores y viajeros europeos e hispanoamericanos que viajaron a Asia para experimentar el exotismo del área, el paisaje, los objetos decorativos y la sensualidad que poseían "las damas pintadas" en los lienzos y en los escritos de sus lecturas. En Hispanoamérica el gusto por el Lejano Oriente, especialmente Japón y China llegó a través de los escritores franceses como los hermanos Goncourt y Pierre Loti. También se llega a conocer la obra de Judith Gautier,[7] quién tradujo del chino al francés la poesía de los poetas chinos Li Po, Sun Tung PO, Wang Weig y Tu Fu. Las traducciones de estos poemas aparecieron en *Le Livre de jade* (1867) y James Whithall publicó en 1918 una traducción del francés al inglés de los mismos. En Europa por ejemplo el escritor francés Pierre Loti, que también se desempeñaba como oficial de la marina francesa viajó al Japón en 1885. Años después escribió *Madame Chrysanthème* (1893) donde relata la aventura de un marinero que se relaciona amorosamente con una "mousmé" cuya familia la ofrece como "dama de compañía" a cualquier hombre que tenga el dinero para satisfacer los gastos de esa experiencia. La transacción económica cosifica a la mujer japonesa que se presenta a simple vista desde la perspectiva occidental como prostituta ya que se comercializa con su cuerpo. Vale destacar en este caso que si bien se produce una transacción monetaria por un intercambio sexual, el dinero no es recibido por la mujer directamente, sino por la familia que la prostituye.

El escritor británico Rudyard Kipling viajó al Japón en dos ocasiones distintas, 1889 y 1892. Kipling en sus cartas describe el horror del avance industrial europeo en el Japón y la subyugación del japonés frente a los intereses económicos de los estadounidenses y de los británicos. Estas cartas se publicaron en los periódicos *Pioneer* de la India, en el *London's Times* y luego el *Sun* de Nueva York. Dichos relatos contenían una gran cantidad de detalles que permitieron que el lector se familiarizara con el Japón antes de visitarlo. Otro gran escritor y viajero fue Enrique Gómez Carrillo que viajó al Japón en 1905. Sus crónicas fueron publicadas en los periódicos *La Nación* de Buenos Aires y *El Imparcial* de Madrid, siendo luego publicadas en varios libros, entre ellos *De Marsella a Tokio* (1906), *Alma Japonesa* (1906) y *El Japón heroico y galante* (1912). Estas crónicas fueron el resultado de viajes patrocinados por dichos periódicos. Sin embargo, las descripciones escritas en las crónicas de Gómez Carrillo no es el mismo Japón experimentado y visualizado en los textos de los escritores europeos. En un primer momento el autor describió en sus crónicas lo que leyó de los otros escritores que escribieron sobre el Japón incluyendo las experiencias y las atracciones de Loti y Kipling. Incluso, algunos de los acontecimientos descritos en las crónicas de Gómez Carrillo provienen de las imágenes que ya había experimentado en sus lecturas sobre Japón. El discurso del significado de lo oriental en los relatos de viaje de Loti y Kipling había formado en Gómez Carrillo una base ideológica de cómo Occidente ha imaginado y transformado la imagen del Lejano Oriente en sus crónicas y sus relatos de viajes. Imágenes y experiencias como éstas ayudaron a formular las percepciones preconcebidas del Lejano Oriente por parte del mundo occidental.

Said explica que todo escritor y cronista que escribe sobre Oriente, en nuestro análisis, Asia y/o el Lejano Oriente asume y emplea cierto conocimiento previo sobre el cual se expande y confía (20). Todo viajero ya sea europeo o hispanoamericano antes de emprender su travesía por el Lejano Oriente ya poseía una noción preexistente de Asia. Los espacios, es decir, los percibidos y los vividos, difieren de su previa concepción de Asia. Partiendo de esta diferencia argumento que el cronista compara y contrasta las imágenes orientales y las sensaciones percibidas en el Lejano Oriente con las representaciones preconcebidas y manifestadas en la construcción y la repetición de símbolos y sujetos orientales de textos. La travesía por el Lejano Oriente se experimenta y se construye en los textos de Julián del Casal, José Martí, Rubén Darío, José Juan Tablada, Enrique Gómez Carrillo y Efrén Rebolledo. Estos autores construyen y representan la imagen del Lejano Oriente como un espacio original y de encuentro cultural donde las imágenes y los paisajes son representaciones conformes a las imágenes percibidas y vividas. Sin embargo, no todos los autores y escritores tuvieron la oportunidad de viajar al Lejano Oriente. Muchos de ellos escribieron sobre el exotismo, el misterio, la sensación y la ilusión que Asia e incluso el Oriente les producía al ver un objeto artesanal o una pintura proveniente de ese espacio. Otros escritores viajaron al Lejano Oriente como corresponsales de noticias. José Juan Tablada fue uno de los primeros cronistas mexicanos que fue enviado al Japón por la *Revista moderna* para escribir y enviar periódicamente sus interpretaciones y descripciones en una serie de crónicas tituladas *En el país del sol* (1919). Como indicamos, Gómez Carrillo viajó al Japón con el auspicio de los periódicos *La Nación* y *El Imparcial*. Efrén rebolledo fue enviado a Japón como representante diplomático del pueblo mexicano. Otros como Arturo Ambrogi y Amado Nervo viajaron por sus propios medios.

El cronista una vez que se establece en Asia percibe y vive el espacio oriental de manera muy distinta de sus connotaciones previas. El discurso se construye con las descripciones de imágenes y de símbolos europeos e hispanoamericanos produciendo así una sensación de nostalgia y de familiarización que vincula al lector con imágenes occidentalizadas en sus lecturas de Asia. Esta perspectiva no se expresa en la escritura de los cronistas que imaginaron y construyeron el Lejano Oriente solo mediante la lectura. Las imágenes y las realidades descritas en las crónicas y los diarios de viaje de los cronistas que viajaron a Asia son distintas. Los espacios físicos, culturales y sociales asiáticos que se describen en estos textos son los espacios reales y no los espacios preciosistas, exóticos y mundanos inducidos por una lectura superficial.

El modernismo y su influencia en el orientalismo hispanoamericano

Los críticos tradicionales del modernismo argumentan que fue una época que produjo una literatura preciosista, escapista y exótica.[8] Es decir, los primeros estudios críticos y analíticos del modernismo hispanoamericano argumentaron que los poetas y escritores de dicha época solamente se enfocaron en los aspectos estéticos y estilísticos del modernismo. También se llegó a fomentar que dicho estilo de escritura y de pensar contenía una estrecha relación al estilo de los escritores franceses. Aunque dichas conclusiones hayan intentado establecer un diálogo y un intercambio de ideas hacia los futuros estudios del orientalismo hispanoamericano, los críticos en los años 1950 a 1960 continuaron debatiendo que dicha literatura provenía de la imitación de los textos franceses que empleaban al Oriente, especialmente al Lejano Oriente como tema exclusivamente de discusión. Schulman en su artículo *Modernismo / Modernidad: Metamorfosis de un concepto* (1987) explica que el modernismo "es un fenómeno sociocultural multifacético cuya cronología rebasa los límites de su vida creadora más intensa, fundiéndose con la modernidad en un acto simbiótico y a la vez metamórfico" (11). En otras palabras, para ahondar en los temas Orientales del modernismo hispanoamericano no solamente es necesario concentrarnos en la exoticidad del objeto y las innovaciones estilísticas que introdujo dicha época en las letras modernistas hispanoamericanas, también es necesario enfocarnos en la construcción del espacio físico como una representación geográfica y cultural ya que el viajero cronista que lo describe lleva consigo mismo una imagen preconcebida de su experiencia adquirida a través de las lecturas.

Los estudios más recientes que analizan el discurso modernista hispanoamericano en relación con el Lejano Oriente tales como los de Kushigian y de Tinajero concuerdan que el término orientalismo empleado por Edward Said muestra aproximaciones e interpretaciones no compatibles con la perspectiva hispanoamericana. Es decir, el concepto que utiliza Said representa "un modo de discurso que se apoya en unas instituciones, un vocabulario, unas enseñanzas, unas imágenes [y] unas doctrinas" (Said 20). En cambio, el orientalismo hispanoamericano establece un diálogo e intercambio cultural con el Lejano Oriente. El diálogo elimina las oposiciones binarias creando así un reconocimiento mutuo entre las culturas (Kushigian 3). Este intercambio cultural no se refleja en los textos de Rubén Darío y Julián del Casal quienes no viajaron a Asia, sin embargo, cronistas como José Juan Tablada, Enrique Gómez Carrillo y Efrén Rebolledo que sí viajaron describen los paisajes tanto naturales como culturales en relación a la vida cotidiana en el Lejano Oriente. Asia no tiene elementos exóticos y preciosistas para el cronista que la vive y la describe en sus crónicas y sus relatos de viaje. Dichas imágenes están ausentes en las crónicas y en su lugar se encuentran descripciones simples que representan la cotidianidad y la simplicidad de los paisajes naturales y culturales del pueblo asiático.

La crónica modernista hispanoamericana

El periodismo hispanoamericano comienza a experimentar una etapa de esplendor hacia finales del siglo XIX y principios del XX. El periodismo también dio comienzo a la crónica literaria, siendo los franceses los maestros de la misma. Aguste Villemont fue el primer cronista que publicó en *Le Figaro Chronique du Paris* entre 1850 y 1852. Sin embargo fueron los escritores modernistas hispanoamericanos los que integraron la crónica a la literatura hispánica cultivada por Catulle Mèndes, Gustave Falubert, Théophile Gautier, Paul de Saint Víctor, entre otros. Aunque el establecimiento de la crónica al estilo francés en Hispanoamérica fue labor de Manuel Gutiérrez Nájera, José Martí fue quien inicia esta modernidad con su extraordinaria prosa ya que a través de su óptica intensifica la discusión de los temas de fin de siglo. Los cronistas y los escritores modernistas hispanoamericanos no se inclinaron hacia el estilo norteamericano. En dicha postura, el reportero tenía la responsabilidad de redactar en el periódico los hechos y los sucesos ocurridos en el día. Es decir, "el dato es central para la definición del género: Los *reporters* prefieren expresarse a través de las técnicas del realismo porque éste estaba más acorde con las tendencias científicas" (Rotker 108). Por el contrario, los escritores hispanoamericanos escribieron siguiendo la "Chronicle" al estilo francés donde también comunicaban los sucesos y los eventos ocurridos pero al mismo tiempo embellecían sus relatos con los procedimientos estéticos que manifestaba el modernismo hispanoamericano.

La crónica es el punto de contacto entre los discursos literarios y periodísticos en la etapa modernista. De ahí proviene su estrecha relación con los conceptos de tiempo e historia. Ésta también destaca un tema de actualidad en la cual los hechos se registran según el orden de desarrollo. Entonces, la crónica está compuesta de una mezcla de géneros, es decir el cronista en su momento de transmitir los eventos puede emplear el ensayo imaginario o literario, el poema en prosa, la crítica hacia el arte y el teatro, el reportaje, la narración autobiográfica y el relato de viaje para comunicarle al lector la imagen que divulga en sus escritos. El cronista describe lo observado con la mirada puesta en el lector. Los temas se caracterizan por su cotidianeidad y la novedad de los eventos ocurridos alrededor del mundo.

En las crónicas y los relatos de viaje de la época modernista, los cronistas describían sus hazañas y desventuras, en general con dos objetivos en mente, por un lado el de informar al lector sobre los eventos políticos y socio-económicos de las naciones del otro lado del océano y por el otro, los cronistas a través de ellas se convertían en los portadores de las innovaciones estéticas que surgieron en la época modernista.

La crónica modernista de viaje representa un papel importante dentro del modernismo hispanoamericano. Este género produjo el florecimiento y el desarrollo de lo que se conoce como "literatura de viaje" que resume la brevedad, la visión exótica deseada por los artistas de la época, la frescura de las noticias tanto locales como las del otro lado del océano y la imagen del "otro" desde la perspectiva occidental. Todos estos elementos coinciden perfectamente con las impresiones del viajero, escritor y periodista en una etapa donde la creación literaria, el periodismo y el progreso tanto sociocultural como industrial ocurrían simultáneamente.

Es importante destacar las circunstancias históricas en que florece la crónica modernista de viajes: Europa se expandía por África y Asia. Algunos modernistas residían en París, centro de difusión de las noticias literarias, artísticas, sociales, políticas y económicas de la época. Las crónicas de viaje no se dirigían hacia los eventos políticos, menos a las noticias económicas, más bien se encaminaban hacia las sensaciones y la excentricidad de las imágenes narradas a través de las artes y los eventos sociales. Además, las crónicas ofrecían visiones de sociedades cercanas y lejanas al público lector y por otro lado familiarizaban al público con nombres de áreas geográficas como el Norte de África, Indochina y el Oriente Medio con respecto a la expansión europea. Por eso el propósito principal de este tipo de literatura según Lily Litvak en *El ajedrez de estrellas* (1987) era ofrecer una visión precisa del mundo. Para captar esta imagen, los cronistas utilizaron la observación directa, es decir, describir las imágenes y las emociones percibidas a través de las experiencias vividas del viaje en vez de aquellas provenientes de la memoria (14). Por lo tanto, este proceso de redacción despertó la reintegración del interés occidental por lo oriental, lo exótico y lo excéntrico de las imágenes reveladas a través de las lecturas.

Los conceptos de Oriente y Lejano Oriente

Hacia finales del siglo XIII y comienzos del XIV, los europeos ya tenían nociones previas del Oriente. Las narrativas de los relatos de viaje provenientes de William of Rubruck,[9] Odoric de Pordenone[10] y Marco Polo ayudaron a expandir el imaginario oriental tanto de los lectores europeos como de los hispanoamericanos. Marco Polo no fue uno de los primeros viajeros occidentales en viajar a Asia, sin embargo, fue el primer europeo en vivir más de 20 años y tener cargo gubernamental en China. En 1271 a la edad de 18 años, Marco Polo emprende su primer viaje junto a su padre Nicolo Polo y su tío Maffeo hacia China. En 1274 los Polo llegan a Pekín y éste aprende Mongol, el idioma oficial establecido por Genghis Khan, quien en 1277 le ofreció el cargo de gobernador de la ciudad china de Yangzhou (Yangchow) por tres años en el gobierno civil. Este cargo le permitió viajar por toda China. Por otro lado, su padre y su tío estuvieron al servicio del emperador como consejeros militares. En 1296, después de 23 años en China, Marco Polo decide regresar a Venecia. En 1297 Marco Polo fue el capitán de una galera veneciana en la batalla que enfrentaba a las flotas genovesas y este fue apresado por las mismas. Durante su cautiverio en Génova, Marco Polo conoció a Rustichello, un hombre letrado a quién le dictó sus viajes y aventuras en la China. Durante los tres años de prisión, ambos escribieron *Libro de las cosas maravillosas* (1477)[11] escrito en provenzal, la lengua de los trovadores.[12] En 1299 fue puesto en libertad y regresó a Venecia. Su obra fue publicada por primera vez en francés y fue probablemente el libro de viajes más famoso e influyente en toda la historia europea. La riqueza de sus descripciones representó para la Europa medieval el primer encuentro con la realidad china, además de ser las primeras descripciones por escrito sobre otros países como Siam (Tailandia), Japón, Java, Cochinchina (actualmente una parte de Vietnam), Ceilán (Sri Lanka), Tíbet, India y Birmania. Por dos siglos esta obra fue la única fuente de información de Europa sobre la geografía y el modo de vida en el Lejano Oriente.

Más tarde, en 1492 Cristóbal Colón, el explorador de origen italiano bajo la égida de los Reyes Católicos, motivado por sus conocimientos del texto de Marco Polo comenzó su travesía en la búsqueda de una ruta marítima a Asia para adquirir seda y especias para la Corona. Los portugueses siguiendo la misma idea del almirante italiano llegaron a la costa de la China en 1513. En 1557, después de varios años de exploración, colonizaron Macao, un pequeño territorio localizado al sureste de la costa de China. Los españoles llegaron hasta las Filipinas, que fueron colonizadas por Fernando de Magallanes en 1521 sin que los españoles tomaran control de la isla hasta 1564.

Sin embargo, a pesar de que estos viajes fueron llevados a cabo durante los siglos XV y XVI, fue una ficción la que más tarde despertó el interés por lo Oriental en los lectores europeos. *Las mil y una noches* (1709) es una célebre compilación de cuentos anónimos que se transmitían oralmente alrededor del año 800. Se piensa que muchas de las historias fueron recogidas de la tradición Persa (hoy presente en países como Irán), Iraq, Afganistán, Tajikistan y Uzbekistan y compiladas más adelante con historias de otros autores. En el siglo XV, estas historias orales fueron escritas en árabe, causando gran impacto en Occidente a partir del siglo XIX, una época en que los centros urbanos avanzados promovían las expediciones e investigaciones geográficas y de culturas no europeas. *Las mil y una noches* las tradujo al francés Anotine Galland en 1709 por primera vez, pero la traducción al inglés de Sir Richard Francis Burton fue la que alcanzó mayor popularidad entre los lectores europeos.[13] Las dos ediciones traducidas al castellano con mayor difusión son: la que tradujo y editó Vicente Blasco Ibáñez (Editorial Prometeo) de la edición francesa de Joseph-Charles Mardrus (1889) y la de Rafael Cansinos Asséns (1954), traducida directamente del árabe. Las historias compiladas en *Las mil y una noches* despertaron el interés europeo por lo Oriental, lo exótico y lo mundano en las culturas occidentales.

En marzo de 1789 Napoleón Bonaparte realizó una expedición a Egipto. Este viaje influye en el comienzo de un extenso interés sobre los estudios orientales en Occidente, marcándose así una gran apertura en las relaciones entre el Oriente y su contraparte Occidente. Hasta aquel entonces, Oriente era preconcebido como un espacio que incitaba misterio y curiosidad para los lectores, viajeros y exploradores. Por lo tanto, el Lejano Oriente se convierte en el lugar de atracción, de imaginación, de exploración y de experimentación de las imágenes y de las sensaciones adquiridas a través de las lecturas y de las experiencias verbales de aquellos que la imaginaron y la vivieron. Las múltiples descripciones e infinitas perspectivas de las princesas, los palacios, las escenas exóticas y la excentricidad narradas en novelas, crónicas y textos de viajes por una gran cantidad de autores occidentales sobre Asia promovieron la curiosidad europea por comprender y aprehender la exoticidad Oriental de aquellos países que para algunos lectores solo les era posible llegar a través de los textos leídos.

El orientalismo

Nuestra visión del "orientalismo" enmarca las descripciones de paisajes, la vida cotidiana y las descripciones de sujetos y objetos culturales empleados por los escritores y los cronistas modernistas en sus relatos sobre Japón, China y Singapur. Estas regiones geográficas no solo comparten características culturales sino que los textos estudiados hacen repetidas alusiones al exotismo de los países mencionados. El concepto de orientalismo que utilizo varía de la interpretación que Edward Said plantea en su libro *Orientalism* (1974) sobre las representaciones de los diversos discursos anglo-franceses relacionados con Oriente Medio. Kushigian explica que los críticos contemporáneos han rechazado el uso del término orientalismo porque este concepto es polémico y complejo de definir en la literatura hispanoamericana (12). Sin embargo, no se puede clasificar como orientalista a un texto tan sólo porque contenga símbolos e imágenes asiáticos. No obstante, el orientalismo hispanoamericano incita a producir nuevas perspectivas para interpretar las imágenes y símbolos orientales (Kushigian 12). Este mismo acto instigador alentó al escritor del siglo XIX a viajar y a desarrollar una exposición de lo Oriental en sus textos. Esta nueva visión y perspectiva de abandonar lo familiar y explorar nuevas formas de ver Asia se presencia en las descripciones de las crónicas y los relatos de viaje de aquellos viajeros que fueron al Lejano Oriente para localizar y describir el imaginario oriental que se había formado a través de lecturas previas.

El discurso orientalista de Said se enfoca en el análisis de la percepción europea del Oriente, la cual es el Medio Oriente y en especial la relación entre poder y conocimiento. Said demuestra estas perspectivas desde el principio de sus estudios con su proyecto imperialista donde subyuga al Oriente. La estrategia de Said consiste en las lecturas de prácticas culturales en donde se incluye la literatura y el arte de acuerdo al contexto político en el cual es producido. Said muestra este acercamiento a través de los estudios literarios de Flaubert sobre el Oriente y los relatos de la invasión de Egipto en 1789 por parte de Napoleón Bonaparte. Dichos análisis e interpretaciones del Medio Oriente por Said, no pueden ser aplicados a las imágenes y representantes orientales utilizadas por los escritores y cronistas hispanoamericanos ya que ninguno de los países hispanoamericanos con excepción de España que colonizó a Las Filipinas, invadieron, colonizaron o atacaron a las naciones del Lejano Oriente. Por esta razón el estudio y la representación del Lejano Oriente por escritores de países hispanos no pueden asociarse a los mismos criterios que Occidente, más bien los que Europa empleó para analizar y estudiar las relaciones entre ambos lados. "El orientalismo es un estilo occidental que pretende dominar, reestructurar y tener autoridad sobre Oriente" (21) según Said. En otras palabras, el orientalismo es un tipo de discurso, un discurso de poder; el cual no esta presente en las narraciones y descripciones de los escritores y viajeros hispanoamericano tanto de los que no viajaron como de los que emprendieron el viaje al Lejano Oriente.

Un punto importante con el que concordamos en el estudio de Said es que el Oriente, es una construcción socio-visual asociada con la percepción cultural del autor y sus fantasías más el espacio físico real del Oriente, que en nuestro caso, sería el Lejano Oriente. Said nos los explica de la siguiente manera" "[el] Oriente es una idea que tiene una historia, una tradición de pensamiento, unas imágenes y un vocabulario que le han dado una realidad y una presencia en y para Occidente" (24). Dichos componentes son con los que un buen número de escritores hispanoamericanos visualizaron y transmitieron en sus obras una imagen socio-cultural, pero artísticamente moldeada del Lejano Oriente. Los escritores hispanoamericanos de fines del siglo XIX y principios del XX no subyugaron el Oriente o el Lejano Oriente. De hecho, muchos fascinados por el exotismo y los esplendores culturales y artísticos de los países orientales emprendieron largas travesías para capturar y a la vez re-afirmar la increíble belleza del espacio físico y socio-cultural en sus obras. Otros desmintieron y ofrecieron imágenes más verdaderas de la realidad asiática y muy pocos describieron al Lejano Oriente con ideas imperialistas. Es decir, los escritores y viajeros hispanoamericanos a diferencia de los europeos no se enfocaron en el deseo y el miedo que se proyectaba en la construcción del Lejano Oriente; sino en hechos, eventos artísticos y socio-culturales que exaltaron el interés para admirar y explorar la fascinación cultural y asiática del Lejano Oriente.

Estuardo Núñez en *La imagen del mundo en la literatura peruana* (1989) explica que Asia es "una imaginación enardecida por las lecturas literarias y los gustos finiseculares" (230). Said por su parte comenta que el Oriente es "una invención europea y, que desde la antigüedad había sido escenario de romances, seres exóticos, recuerdos y paisajes inolvidables y experiencias extraordinarias" (19). La literatura hispanoamericana al igual que la europea del siglo XIX y XX construye una imagen de Asia con las mismas perspectivas que indica Said. Además, para explicar el orientalismo, y en especial la influencia del Lejano Oriente en la literatura hispanoamericana del siglo XIX hay que mencionar la importancia del exotismo en la literatura de la época.

El exotismo

El exotismo es la alusión de lo diferente, lo lejano y lo extranjero en una obra de arte, es decir, lo no europeo, desde la perspectiva cultural occidental. Dicho concepto es la respuesta a una actitud mental hacia lo fantástico, lo deslumbrador y lo nuevo que contrasta con las imágenes preconcebidas a través de los viajes reales y/o imaginarios a territorios lejanos. Al hablar de lo exótico y cómo los viajeros y los lectores exploraban los lugares más remotos de la tierra ya sea físicamente o literariamente, Tzvetan Todorov en su estudio *Nous et les autres* (1992) explica que lo que se interpreta a través de la literatura exotista no es un contenido estable, sino la relación que establece el sujeto-observador con el territorio y la cultura que describe (297). Es decir, que el ideal exótico se halla en las naciones y las culturas desconocidas y especialmente las lejanas. El juicio del escritor y del lector exotista son sus experiencias de los valores culturales y tradicionales que estimulan la curiosidad y la observación hacia esa sociedad. Esto permite a ambos reflexionar sobre lo desconocido y presentarlo como lo exótico.

El exotismo surgió como una necesidad de éxodo desde la primera mitad del siglo XIX hasta el fin de siglo. Litvak explica que el exotismo representaba "una rebeldía del hombre de fin de siglo para conformarse con la Europa moderna en la que no puede ni quiere integrarse" (23). El género que transcribe la inspiración exótica y refleja la búsqueda de lo fantástico, lo asombroso del Lejano Oriente son los relatos y las crónicas de viajes. Sin embargo, el relato de viaje exotista ha sido considerado como "un producto ideológicamente mixtificador de la praxis colonial" (19) según Litvak. Pero ésta no era la postura de la mayoría de los escritores y artistas de aquel entonces. Litvak comenta que, el cuadro exótico oriental representaba el poder integrarse a una vida fuera de categorías limitadoras [ofreciendo así] un esfuerzo de recuperación de los lazos con lo sobrenatural, y volver a calar en los estratos más secretos del alma humana (23). Los modernistas hispanoamericanos no solo se desplazaron fuera del tiempo y de los espacios para acentuar al Oriente-islámico como el espacio de evasión sino que también se enfocaron en Asia, especialmente en India, China y Japón como otro de sus centros exóticos ya que el exotismo de ellos se unificaba entre lo imaginario y lo soñado con lo visual y lo descriptivo para transmitir las imágenes a sus lectores.

La atracción por el mundo oriental en los modernistas hispanoamericanos se debe en gran parte a la publicación de *Las mil y una noches* y a la influencia de la literatura francesa en Hispanoamérica.[14] Las crónicas de Théophile Gautier, Catulle Mendés y Pierre Loti, entre otros, reforzaron el encanto y la atracción del escritor modernista a imaginar y explorar el exotismo del Lejano Oriente a través de los colores locales y pintorescos, las sensaciones y las descripciones de sus percepciones sobre Asia. El exotismo se localiza en la descripción de las imágenes que se reproducían ante su vista y en su imaginación del mundo oriental bajo el prisma del ensueño y las fantasías. Esta reproducción le ofrecía al escritor la posibilidad de desarrollar una estética personal que capta lo desconocido en su escritura y al mismo tiempo crea la escena exótica y mantiene artísticamente el estilo. A través del exotismo y el desarrollo artístico de los escenarios estéticos, los modernistas lograron perfeccionar su refinamiento y obtener un estilo único que expresa la suprema expresividad de lo descrito. El vehiculo por excelencia por el cual los modernistas exploraron el exotismo oriental y asiático fueron las crónicas de viajes.

El orientalismo modernista del siglo XIX florece a través de las crónicas de viaje de José Juan Tablada y Enrique Gómez Carrillo hacia Japón y otras regiones del Lejano Oriente. Sin embargo, dicho progreso fue inicialmente presenciado en los escritos de José Martí quien fue uno de los primeros escritores en contemplar y asociar el proceso de modernización del Japón junto al de Hispanoamérica.[15] Además de los escritos de Martí, las crónicas y la poesía de Julián del Casal,[16] la poesía de José Asunción Silva y los cuentos de Rubén Darío[17] fueron los que destacaron y expandieron las construcciones, las representaciones y las interpretaciones de los espacios concebidos, los sujetos y los objetos orientales en sus escrituras. Muchas de las descripciones de los paisajes naturales y culturales juntos, a las representaciones de objetos y las sensaciones orientales descritas por estos escritores, se basaron en las lecturas y en las inspiraciones provenientes de textos literarios, históricos y artísticos. Ejemplos como éstos pueden observarse en la pintura y la escultura en donde se reprodujo el Asia imaginada y deseada en la literatura Hispanoamérica del siglo XIX.

Una noción diferente a la anterior se puede leer en las crónicas de Tablada y Gómez Carrillo, quienes vivieron temporalmente en Japón como corresponsales de noticias, y pudieron reflejar en sus escritos el encuentro con Asia, sus habitantes y sus fachadas culturales de manera más fidedigna. José Martí, por su lado, construyó un Asia fuera del contexto geográfico asiático en sus *Escenas norteamericanas*. El conocimiento de Martí proviene de su experiencia directa y del contacto con la cultura china emigrada a Nueva York.

El contacto directo del cronista-escritor con la cultura asiática nos lega a una diversidad de textos y crónicas de viajes modernistas que conceptualizan el Asia de diferentes modos a la de aquellos escritores que no viajaron. Es aquí donde se comparan y se contrastan las diferencias y las semejanzas de los escritores / viajeros que no hicieron la travesía con los que la emprendieron. Los relatos de los que no viajaron ofrecen descripciones superficiales y ligeras ya preconciben a Asia a través de los objetos artesanales y de los paisajes pintados en cuadros y grabados provenientes del Oriente Medio, China y Japón. En cambio, los que viajaron transmiten una visión más elaborada del espacio y la cultura oriental debido a su experiencia vivida.

El escritor que viajó a Japón y/o a China construye una nueva versión del Lejano Oriente. El discurso del espacio percibido y vivido en las crónicas de José Juan Tablada, Enrique Gómez Carrillo, Efrén Rebolledo, entre otros, presentan diferencias a la poesía, las crónicas y los periódicos previo al viaje hacia el Lejano Oriente por sí mismos. Muchas de las perspectivas empleadas por los autores y cronistas del siglo XIX fueron reformulándose a medida que los lectores-viajeros experimentaban las sensaciones y el espacio físico-cultural asiático descritos por aquellos a quienes los habían leído.

La aproximación al concepto del "orientalismo modernista [hispanoamericano] indudablemente difiere de aquel que critica Said porque nos ofrece una alternativa mucho más plural y abierta que dialoga con el Oriente y con el discurso oriental europeo" (31) según Tinajero. La vigencia del orientalismo modernista continúa en los textos de los escritores y de los viajeros en el siglo XX. Las construcciones, representaciones e interpretaciones de los escritores contemporáneos hispanoamericanos produjeron nuevas formas de percibir, de interpretar y de representar el Lejano Oriente.

CAPITULO SEGUNDO

LO ASIATICO PRECONCEBIDO EN LAS LETRAS HISPANOMERICANAS A FINALES DEL SIGLO XIX

> Quien a lejanas tierras va, si antes no mentía, mentirá.
>
> - Proverbio

Introducción

En este capítulo, se examinará el discurso modernista de escritores hispanoamericanos que aunque no viajaron al Lejano Oriente, se dieron a la tarea de escribir sobre esas tierras físicamente inalcanzables. A pesar de la falta de experiencia directa, estos escritores construyeron y transmitieron a sus lectores una visión basada en las imágenes discursivas y textuales de Asia, anteriormente proyectadas desde la obra de autores franceses como Víctor Hugo, Judith Gautier y Pierre Loti, entre otros. Mi objetivo en este capítulo es demostrar que las descripciones de los paisajes, tanto naturales como culturales, en complemento a las representaciones de los objetos orientales en poemas, cuentos y crónicas trabajados en este proyecto, se basan en los textos y en las recreaciones de imágenes captadas a través de las lecturas provenientes de fuentes literarias y artísticas, como la pintura y la escultura para reconstruir o modelar la imagen deseada e imaginada de la Asia mediatizada y conceptualizada por medio de dichos objetos.

Julián del Casal y Rubén Darío encontraron su inspiración y modelos para sus escritos en las representaciones pictóricas de objetos y espacios culturales asiáticos descritos tanto en la poesía como en la prosa de viajeros europeos como Pierre Loti y los hermanos Goncourt, quienes sí tuvieron acceso al viaje al Lejano Oriente. A este tipo de imágenes les llamaremos preconcebidas. Es decir que la percepción de los espacios asiáticos proviene de la experiencia cotidiana del autor, la cual está asociada con el razonamiento e interpretación de las imágenes decorativas y artísticas proveniente de objetos y artefactos culturales de Asia, utilizados para visualizar el espacio asiático en sus escritos. Martí quien por su lado, no viajó ni a la China ni al Japón, "sólo tenía un conocimiento libresco del Oriente" (Abdeslam Azougarh 16). Su experiencia, y en este caso mediatizada, con la cultura asiática es ganada durante su estadía en Nueva York, donde interactuó y observó a la comunidad inmigrante china en su accionar cotidiano.

Las imágenes descritas por los escritores hispanoamericanos no sólo provenían de la lectura, sino que también se originaron de las imágenes de artefactos culturales procedentes de China y Japón. La colección, y en algunos casos, la adquisición de estos objetos exóticos, formaron parte de la estimulación creativa que los intelectuales recibieron para la construcción de esa Asia deseada en la imaginación de los autores hispanoamericanos que no realizaron el viaje físicamente.

Los discursos establecidos por los poetas y escritores anteriormente mencionados, indudablemente constituyeron la base literaria de escritores y lectores emergentes. Arturo Torres Rioseco en *Precursores del Modernismo* (1963) nos comenta que estos escritores (Julián del Casal, José Asunción Silva, José Martí y Rubén Darío, entre otros), conocidos como los precursores del modernismo "a fines del siglo XIX, contribuyeron a la renovación del estilo literario americano" (13), produciendo y haciendo emerger de esta manera nuevos estilos y formas de conceptualizar no sólo la Asia imaginada en sus escritos, sino que desarrollaron y postularon nuevas técnicas en el arte de transmitir una imagen codiciada para sus lectores desconocedores de Asia. Como resultado, estos discursos a la vez incentivaron la construcción de una imagen fantasiosa, exótica y seductora de un Lejano Oriente.

La inspiración y los modelos de los autores que no viajaron fueron formulando y estimulándose a través de las representaciones de paisajes naturales de cuadros, grabados y pergaminos provenientes de países particular y frecuentemente visitados por los escritores europeos en sus obras. Mientras que estos viajeros lograron transmitir la belleza regional natural, la simplicidad del objeto y del espacio asiático al lector, el escritor hispanoamericano metamorfoseó esas descripciones con el toque de sofisticación y ornamentación en sus escritos tan característicos de la mente modernista. Influida por el parnasianismo que buscaba la perfección tanto en el tema como en la forma, la escritura modernista mira al objeto más allá de lo mero ornamental.

Por otro lado, las descripciones y las percepciones de las imágenes de objetos asiáticos como la porcelana, la alfarería y los paisajes de espacios físicos y socioculturales orientales presentados por los escritores modernistas que no viajaron al lejano Oriente (Julián del Casal, José Asunción Silva, Rubén Darío y José Martí) difieren de las de aquellos que emprendieron el viaje. La mayoría de estos escritores se concentraron en la belleza, el misterio y la magia de la cultura oriental emanada a lo largo de su historia. Otros casos se concentraron en la funcionalidad decorativa y comercial del objeto chino o japonés, y algunos en el impacto y la repercusión dentro de los distintos grupos sociales y culturales de las comunidades hispanoamericanas del siglo XIX.

Primeras críticas del modernismo hispanoamericano

José Enrique Rodó en sus escritos de 1897 critica a Rubén Darío por afrancesado e imitador de las descripciones físicas y sociales japonesas de Pierre Loti ya que ambos representan narrativa y poéticamente un oriente trivial, irónico y picaresco (*Obras completas* 84). Con respecto a esta crítica, Rodó agregó que, "a los imitadores [se] ha de considerarles los falsos demócratas del arte [porque tan sólo] imitaban" (84) el acercamiento artístico de terceros, en este caso en particular a Pierre Loti, al describir el Asia que imaginaron a través de las imágenes transmitidas por otros. Si bien en críticas posteriores Rodó intenta rectificar su postura sobre el supuesto afrancesamiento de las letras hispanoamericanas, sus nuevas intenciones no ayudaron a remediar sus comentarios previos en que criticó y señaló la falta de originalidad y precisión de las descripciones en Darío y por extensión en el modernismo. Como consecuencia de la gran prensa que tuvieron sus comentarios, las primeras postulaciones de Rodó, tanto como el punto de vista de Juan Valera sobre el afrancesamiento de lo oriental, marcaron los primeros pasos que la crítica literaria seguirá por más de cincuenta años en el comienzo del siglo XX (Tinajero 8).

Siguiendo esta línea de pensamiento, los críticos literarios por varias décadas se enfocaron principalmente en el estudio de la poesía para analizar la estética modernista. Muchos de ellos argumentaron que las descripciones y/o las representaciones de los artefactos culturales, además de la superficialidad de sus imágenes, estaban relacionadas o imitaban a la moda y al gusto francés de la pequeña burguesía tanto hispanoamericana como europea. Sin embargo, como ya lo había indicado Roberto Fernández Retamar en 1968, José Olivio Jiménez y Carlos Javier Morales en *La prosa modernista hispanoamericana* (1998) sostienen que "fue la prosa, antes que en el verso, donde se fraguó la expresión modernista" (11).[18] Con esta línea de pensamiento concuerdan Ivan A. Schulman y Manuel Pedro González quienes insisten que la renovación literaria hispanoamericana se manifiesta primero en la prosa de José Martí y Manuel Gutiérrez Nájera "quienes, entre 1875 y 1882, cultivaban distintas pero novadoras maneras expresivas" (Schulman y González 27). Ahora, en relación a los temas del Lejano Oriente, se indica que existe todavía una barrera cultural entre ambos hemisferios, y por su parte, Pedro Salinas en *La poesía de Rubén Darío: ensayo sobre el tema y los temas del poeta* (1948)[19] comentó que las alusiones orientales en los escritos de los modernistas eran producto de "un hechizo" (24) porque dichos miembros "sueñan en países remotos" (24). Incluso, Max Henríquez Ureña en *Breve historia del modernismo* (1954)[20] sostiene que las alusiones al Oriente de los escritores modernistas provenían de "temas desentrañados de civilizaciones exóticas" (33) y lejanas. Como resultado, China y Japón llegaron a ser las fuentes principales para la inspiración "más exótica" (Ureña 20) de los escritores de la época modernista.

Por su lado, Federico de Onís en *Sobre el concepto del modernismo* expone que "los juicios acerca de esta época reciente empiezan a ser cada vez más confusos y contradictorios" (175), agregando que: "El Modernismo es la forma hispánica de la crisis universal de las letras y del espíritu, que inicia hacia 1885 la disolución del siglo XIX y que se había de manifestar en el arte, la ciencia, la religión, la política y gradualmente en los demás aspectos de la vida entera" (176). Una de las tendencias con que se asoció el hechizo y el exotismo del Oriente en la literatura hispanoamericana, ya sea del Oriente musulmán/árabe o el Oriente asiático, fue con el "escape" temporal de la realidad presente. Por lo tanto el escritor como el poeta debía trascender de su realidad física para participar en lo que Paz denomina como una "actualidad universal" (19); es decir, experimentar y construir un lugar sin un espacio de pertenencia. La falta de ese espacio en la literatura hispanoamericana de fines de siglo motiva al escritor y al poeta a buscar un espacio alternativo, alejado y desconocido del suyo para imaginar y construirse el espacio representado en sus narraciones. Esta creación del espacio temporal ficticio se convierte en una producción limitada del espacio geográfico ya que el ambiente físico y cultural imaginado no ofrece un destino cartográfico.

Además de los elementos y objetos decorativos y comestibles provenientes de Asia, empleados en la manufactura del espacio asiático preconcebido en los escritos de autores que no viajaron, Manuel Durán en *Julián del Casal y los orígenes del modernismo* (1987) señaló que los modernistas admiraban "secreta o públicamente" las grandes ciudades, concordando así con el afán de cosmopolitismo que los caracterizaba (240-42). Es decir, el escritor entiende y al mismo tiempo preconcibe que la ciudad es un espacio proporcional a los cambios socioeconómicos y culturales que se avecinan con el proceso modernizador de fin de siglo. Respecto a este punto, Robert Alter en *Imagined Cities* (2005) nos comenta que: "The city [is] the principal theater of bourgeois life and also the form of collective existence that undergoes the most spectacular, dynamic growth throughout the modern period" (IX-X). También es importante señalar que la ciudad fue y es el centro de producción literaria e intelectual de toda la cultura moderna por excelencia.

En Asia, sobre todo en Japón, pero especialmente las ciudades en vía de modernización como Tokio, Kyoto, Shangai y Hong Kong formaban parte del mismo concepto de modernidad existente desde la perspectiva de los escritores hispanoamericanos que la visualizaron en sus textos.[21] Tanto en los centros urbanos de Hispanoamérica como en los de Asia, la modernidad se veía en el optimismo tecnológico enfocado en los ferrocarriles como medios de transportación, de comercio y de comunicación más los periódicos diarios que fomentaban el mercantilismo y la integración del país oriental en la economía global.

Susana Rotker en *Fundación de una escritura: la crónica de José Martí* (1992) explica que "la obsesión por la modernidad emparentó a los poetas de Europa y América [y todos] votaron por el universalismo y la consecuente ruptura con los parámetros meramente regionalistas" (160). Esto sin embargo, según Tinajero se opone a "lo propuesto por Paz ya que éste no se percató (por lo menos en sus primeros estudios del movimiento) de que la búsqueda del artista modernista por nuevos senderos temáticos tuvo que ver, al contrario, con una actualidad y modernidad universal en la que participaban Hispanoamérica y el Oriente" (11). Con la rapidez con que surgió la modernidad, muchos de los escritores-poetas de aquella época según Kathy L. Jrade en *Modernismo Modernity* (1998) se inclinaron por valores espirituales y trataron de encontrar en dichos valores una nueva perspectiva de experimentar y de aceptar la modernidad desde ese punto de vista. Jrade agrega que según la perspectiva emersoriana "[t]hey proposed a worldview that imagined the universe as a system of correspondences, in which language is the universe's double capable of revealing profound truths regarding the order of the cosmos" (4). Debido a esto, los escritores modernistas manifestaron en su escritura "a realist tendency, seeking to establish more directly political and worldly images of change" (4). Esta acción se presencia en la escritura de la segunda generación de escritores que sí viajaron al Lejano Oriente (Enrique Gómez Carrillo, José Juan Tablada y Efrén Rebolledo) para rescatar y experimentar las sensaciones y las imágenes extinguidas con el avance de la modernidad.

Primeras percepciones de Asia en la literatura española e hispanoamericana

Jorge Salessi en *Médicos, maleantes y maricas* (1995) comenta que "Asia y China denotaban significados ambivalentes" (202) para distintos grupos socioeconómicos tanto en el siglo XIX como al principio del XX. Esta ambivalencia del concepto dependía en mayor grado de los niveles de educación y de la experiencia tanto físico e intelectual como cultural del individuo en relación al Lejano Oriente.

Los primeros relatos del Lejano Oriente, especialmente de China en las letras españolas fueron expuestos en dos textos coloniales de viaje. Beatriz Moncó en su artículo "Entre la imagen y la realidad: los viajes a China de Moguer de Loarca y Adriano de las Cortes" (1998) explica que "durante la primera mitad del siglo XVI los españoles intentan de continuo entrar en contacto con China" (569). Según Moncó, el texto que relata el primer encuentro de la cultura occidental (la española) con la asiática es un manuscrito no publicado de Miguel de Loarca *"Relación de Viage que hezimos a la China desde la ciudad de Manila en las del Poniente, año de 1575 con mando y acuerdo de Guido Lavazaris, Governador y Captan. General q. a la sazon era en las Islas Philiphinas"* (569).[22] Otro texto que recuenta dicho primer encuentro es el del "jesuita

Adriano de las Cortes, *Viage de la China*".[23] Estos dos textos desde la perspectiva de Moncó fueron los que hicieron las primeras referencias a Asia en el área literaria española. Además, Moncó también comenta que "la imagen de la China se fue creando lentamente, mediante retazos de memoria, experiencias personales, que darían lugar a visiones específicas de lo chino" (569) en la representación y en la construcción de la imagen de Asia dentro de la literatura hispanoamericana en los próximos siglos. Por lo tanto la construcción del imaginario oriental de los autores hispanoamericanos a partir del siglo XIX difiere de las representaciones hechas por los viajeros españoles del periodo colonial.

Los primeros rastros de la presencia asiática y sus objetos exóticos en Hispanoamérica

Mientras que el historiador Juan Pérez de la Riva en *Los culíes chinos en Cuba (1847-1880): contribución al estudio de la inmigración contratada en el Caribe* (2000) nos comenta que la presencia asiática en Cuba comenzó con los culíes,[24] Roberto González Echevarría en su introducción de 1967 a *De donde son los cantantes* (1993) nos explica que "lo chino no empieza a manifestarse en la cultura cubana sino a partir de la importación de trabajadores, lo oriental había formado parte de lo cubano, y de lo americano desde el comienzo, es decir, desde el error de Colón, que lo lleva a pensar que el mundo que descubre es la India y el Japón" (52).

En Hispanoamérica, en lo que respecta a la importación de productos y artefactos asiáticos – el primer documento que contiene información sobre la importación de objetos de este origen hacia los países hispanoamericanos – se encuentran listados en una carta escrita en abril de 1884 por la Compañía mexicana de navegación del Pacífico dirigida a las casas importadoras de la república.[25] María Ota Mishima en *México y Japón en el siglo XIX* (1976) enumera en dicha carta los objetos provenientes del Lejano Oriente.[26] Como indica la lista, no todos los objetos anotados fueron piezas de artesanía fina y de alto valor monetario exclusivamente diseñados e importados para los miembros de la pequeña burguesía emergente, sino que por lo contrario, muchos de los productos tanto artesanales como comestibles llegaron a formar parte de la decoración y del uso diario en las viviendas de ciudadanos de diferentes clases sociales. En el caso particular de los productos comestibles, muchos de ellos llegaron a formar parte de la preparación y el consumo de alimentos diarios de muchas personas sin distinción de clase en los países hispanoamericanos.

Debido a los diferentes medios de modernización y producción económica en ambos lados de los océanos, Roberto González Echevarría en *Modernidad, Modernismo y nueva narrativa: el recurso del método* comenta que, "Hispanoamérica recibe productos hechos en grandes cantidades. Las clases apoderadas de Hispanoamérica exportan naturaleza (materia prima) y reciben cultura (productos manufacturados) – exportan melado y reciben watercloset" (159). Sin embargo, la mayoría de los objetos preciosos y peculiares que se encontraban en los países hispanos a finales del siglo XIX no provenían directamente de Asia. Las leyes internacionales de exportación e importación de aquella época sólo permitían que llegasen a Europa. Muchas de las obras artesanales y artísticas fueron adquiridas por las casas importadoras en Hispanoamérica a costos muchos más elevados de lo que se vendían, ya que éstas pasaban por Europa para luego ser enviadas a las grandes ciudades y centros culturales como La Habana, México y/o Buenos Aires. Sin embargo, el intercambio comercial de los objetos y productos de origen asiático procedía "de la industria incipiente, manufacturados a base de materias importadas por el creciente colonialismo" (163) según comenta González Echevarría en "Martí y su amor de ciudad grande."

Hasta el presente González Echevarría es el único crítico, además de María Ota Mishima quien ha documentado la importancia de la importación de artefactos culturales asiáticos y su influencia tanto en la cultura china como en la cubana. Además, hasta esta fecha no existe ningún otro análisis crítico dentro de los estudios concernientes al modernismo hispanoamericano donde se documente y se detalle el uso de los objetos y productos asiáticos que no fueran de lujo a los países occidentales. Sin embargo, muchas de las referencias y las menciones de objetos orientales presentes en los textos consultados en el transcurso de esta investigación, provienen de los productos y artefactos que eran económicamente accesibles a todos los miembros de diferentes clases sociales como los minuciosos objetos que coleccionaba Recaredo, el artista en el cuento de Rubén Darío "La muerte de la emperatriz de la China" o como aquellos objetos representados por Casal en sus poemas, en los escritos de Martí, Darío, Tablada y Rebolledo.

Tanto el Oriente como el Lejano Oriente del siglo XIX fueron el foco de "escape", un centro de resguardo o espacio alternativo, donde los escritores europeos e hispanoamericanos se sentían protegidos ante el avance capitalista. El exotismo del Oriente no estaba basado en una visión realista y verdadera de las representaciones pictóricas. En otras palabras, dichas visiones no fueron interpretaciones hechas por viajeros que hicieron la travesía. Las figuras representativas del modernismo hispanoamericano (Darío, Casal, Martí) escribieron e interpretaron la cultura oriental sin haber realizado el viaje. Uno de sus muchos propósitos dentro de esta época ilustrativa fue la de transportar al lector a través del tiempo y el espacio en busca de nuevos horizontes con los que contrastar y comparar lo cotidiano.

El Oriente al encontrarse lejos, era un monumento sociocultural incomprensible y en algunos casos apenas llegaba a ser considerado como una civilización. Dicha incertidumbre sobre el Lejano Oriente proviene de la "distancia cultural, temporal y geográfica [que] se expresaba en metáforas sobre la profundidad, el secreto y la promesa sexual" (Said 298) que éste brindaba produciendo así una percepción más exótica del mismo en las mentes de escritores y de lectores atraídos hacia un mundo en donde era posible escaparse de la realidad por medio de construcciones verbales e imaginarias tanto del paisaje asiático, como de lo cultural y lo social.

Lily Litvak en *Fatalismo y decadencia en el Oriente modernista* (1987) nos explica que, "la iconografía finisecular [del Oriente proviene de] minaretes blancos, habitaciones con la compleja decoración musulmana, dagas persas, telas suntuosas, cofres labrados y llenos de tesoros, y una cantidad de gente diversa; turcos de fez roja, eunucos de grandes aretes de oro, esclavos negros semidesnudos [y] damas del harén misteriosamente veladas" (39). El esplendor de las imágenes orientales y las sensaciones que producían dependían de la experiencia del lector al imaginarlas. Para algunos, estas imágenes poseían "significados diversos… aventuras, fausto, riquezas. Para otros, libertad sin límite, crueldad, misterio o sensualidad" (Litvak 39) con el objetivo de recrear el escapismo temporal de la realidad presente. De esta manera, estas percepciones del Oriente ayudaron al lector y al escritor a producir una sensación de escape temporal que lo alejaba de los cambios producidos por la modernidad que se avecinaba; ya que el exotismo y la extravagancia del Oriente además del (des)orden tanto espacial como sociocultural creado por el artista rompían en conjunto con los cánones tradicionales del Occidente.

En relación al exotismo y sus representaciones pictóricas sobre el Lejano Oriente, Ricardo de la Fuente Ballesteros en "Los espacios exóticos finiseculares: El Japón de Gómez Carrillo" nos explica que "será Francia la que desde el siglo XIX se ocupará [de introducir] el Japón [. . .] y recreará este lejano país a través de traducciones, libros de viajes, estudios e incorporación de estampas en la pintura impresionista – Manet, Degas, Van Gough, Pisarro, Gaugin, Whistler" (105) al lector/ escritor y viajero hispanoamericano.[27]

En el ámbito cultural hispanoamericano del siglo XIX China y Japón, en particular a lo que concierne a la literatura, la pintura y la escultura, se representaban como símbolos del cosmopolitismo oriental, además de presentarse como una oportunidad alternativa de visualizar una Asia para muchos inalcanzable. En este proceso de mediación, el Lejano Oriente también se visualiza y relaciona "con los clichés y estereotipos correspondientes al oriente parisino" (13) según Abdeslam Azougarh. El proceso de mediación no tiene como objetivo el llegar a un acuerdo o convencer, sino de ofrecer una relación por la cual el artista propone diferentes perspectivas para fomentar una comunicación abierta entre ambos grupos, es decir del escritor/artista al lector. El escritor/ artista en nuestro caso es el mediador y es quien intenta ofrecernos una postura intermedia, aunque no siempre se logre. Su experiencia y su conocimiento hacia el tema oriental se expone mediante la presentación de diferentes elementos representativos de la cultura oriental ya sea provenientes de la poesía, la pintura, la escultura, la literatura, o una combinación de ellas. Estas representaciones artísticas fomentaron una imagen conceptualizada de lo que el Lejano Oriente representa para el artista que lo describe, mientras que es el lector quien a través de esa imagen mediatizada llega a conocer y descifrar el Asia descrita. Los componentes ilustrativos de las culturas chinas y japonesas representados en los textos de estos escritores ilustran la digresión amorosa y su deseo de experimentar la magia, lo exótico y lo misterioso que la cultura oriental le puede ofrecer tanto al escritor como al futuro viajero.

Durante el auge del modernismo hispanoamericano, como hemos visto, un distinguido número de escritores en Hispanoamérica reflejaron este fenómeno en sus obras. Said en uno de sus comentarios dirigidos a V. G. Kierma explica que, el oriente se convierte en un "conjunto de sueños, imágenes y vocabulario que están a disposición de cualquiera que intente [describirlo]" (110). En otras palabras, la representación de Asia y/o el Lejano Oriente por parte del escritor hispanoamericano es mediatizada y metaforizada como lo exótico, lo misterioso, lo lejano y lo erótico desde una perspectiva autóctona del propio escritor modernista.

Un ejemplo más de la falta de aprehensión y mediación de Asia, se aprecia en el hecho que los europeos llamaron al continente en general "Catay" (China) desde la Edad Media sin saber que este término se refería a las zonas y a los pueblos fronterizos de China.[28] Teniendo en cuenta este dato histórico podemos deducir que inclusive los pueblos limítrofes dejaron sus huellas culturales en la mente de los escritores y viajeros tanto europeos como hispanoamericanos.

Uno de los medios que facilitó la aprehensión de Asia fue el de la comercialización de bienes. En la modernidad, la importación de artefactos asiáticos se incrementó debido a los avances tecnológicos de los buques de vapor y los ferrocarriles que transportaban a grandes distancias los objetos provenientes de Asia. William Schurz en *The Manila Galleon* (1961) nos explica que "durante la época del modernismo la importación de objetos orientales – desde estatuas de la más fina porcelana hasta pequeños objetos de poco valor como eran las réplicas de Buda, abanicos de papel, quitasoles, jarrones, platos, etc. – llegaron a Hispanoamérica de Asia, Estados Unidos y también de Europa" (35-84).

En el ámbito comercial, Jean McClure Mudge en *Chinese Export Porcelain from the American Trade, 1785-1835* (1981) documenta que es probable que la "Empress of China" haya sido el primer barco estadounidense que trasladó artefactos culturales desde China. El contacto entre ambas civilizaciones data del siglo XVIII; y desde ese entonces ya existía un mercadeo de productos orientales por parte de las *Naos* de China que navegaron las aguas del Océano Pacífico entre Manila y Acapulco. Dichas embarcaciones cargaban los productos orientales en los puertos de Shangai, Cantón y Manila para luego ser distribuidos en los diferentes países hispanoamericanos.

Muchos de los artefactos culturales y en algunos casos, la utilidad y el desenvolvimiento de los productos comestibles orientales; fueron descritos en las obras de los modernistas para ofrecerle al lector la excentricidad tanto del espacio como de los eventos narrados. Estas características (especialmente aquellas asociadas con la excentricidad del Lejano Oriente) están muy presentes en las obras, aunque no en todas, de José Martí, Julián del Casal y Rubén Darío cuando lo universal, lo cósmico y lo exótico son asociados a los países orientales que se describen en sus textos.

Lo asiático en las letras de los modernistas

La perspectiva de la crítica hispanoamericana considera *La muerte de la emperatriz de la China* (1890) de Rubén Darío, como el cuento fundador del modernismo en cuanto a la descripción del encuentro sociocultural y económico de Occidente con los países orientales, especialmente en relación al consumo y adquisición de objetos artesanales y artísticos.[29] Sin embargo, José Martí en algunos de sus cuentos publicados con el título de *La Edad de Oro* (1889), revista para niños, ya había expuesto a su joven audiencia una imagen y percepción representativa del Lejano Oriente. Uno de esos cuentos, *Los dos ruiseñores*, el cual será estudiado en detalle más adelante, narraba la historia de un emperador chino, a la vez que describía ávidamente la inmensidad del palacio y los numerosos objetos artísticos representativos de la cultura china. También hace lo mismo, aunque con un tono más político en "Un paseo por la tierra de los Annamitas" (Vietnam). Vale destacar también, que además de José Martí, otro gran escritor cubano, Julián del Casal, en 1890 publicó sus poemas *Japonería* (1890) y *Kakemono* (1891) – luego estudiado en detalle – expresó su gran fascinación y admiración por los objetos artísticos y decorativos procedentes de Asia, especialmente los jarrones y los kakemonos japoneses, como el título del poema lo explicita.

En el cuento *La muerte de la emperatriz de la China* Rubén Darío evidencia el contacto económico e histórico entre Hispanoamérica y el Lejano Oriente, en Robert y sus actividades, quien habiendo partido de San Francisco a la hora de la narración se encontraba en el país asiático: "¡El bribonazo está en China! Hong Kong, 18 de enero" (202) como se lee en su carta. En dicho barco y de regreso, llega a manos de Recaredo esa carta y su regalo de bodas de parte de su mejor amigo. Indirectamente es de esta manera como Darío nos indica que a través de los vapores transatlánticos el mundo occidental se mantenía en contacto e interacción con Asia.

La trama del cuento relata la historia de un triangulo amoroso entre el escultor – Recaredo, su esposa – Suzette – y un busto de porcelana china, obsequio de Robert su mejor amigo, porque éste sabía sobre la "afición [que Recaredo tenía] por las cosas [del] país amarillo" (202). Con respecto a este punto Ricardo Gullón nos explica que este texto enfatiza "el conflicto permanente entre el arte y la vida" (12). Dicha disyuntiva proviene de la lucha de los sentimientos del artista por poseer la porcelana china, a la vez que intenta mantener la armonía en su relación matrimonial con Suzette. La dama ante el peligro de perder la atención de su marido, obsesionado por el busto de porcelana, decide deshacerse de la figura, para de esa manera desmantelar el triangulo amoroso.

Se podría concluir que la aspiración y el anhelo de Recaredo fue el de vivir en un mundo estético en donde la imaginación y la fantasía no tenían límites. Sin embargo, dichos deseos no llegan a concretarse ya que Suzette destruye el busto y la fantasía amorosa presupuesta en su existencia. Además en el texto se desenlaza la relación entre artista y vida (su esposa) y el arte oriental (la porcelana). Esto, desde una perspectiva más detallada puede asociarse con el interés artístico y la ambición de todo artista y miembro de la clase burguesa quien tiene los medios económicos para obtener, coleccionar y poseer los objetos provenientes de Asia para disfrutar de su belleza artística y cultural.

Recaredo satisface sus deseos artísticos adquiriendo los objetos provenientes del otro lado del océano. Una de las prácticas de dicha época entre los miembros de las clases acomodadas, era la apreciación y el deleite del arte. Sin embargo, otros pensaron que al acumularlos, le brindaban la posibilidad de poder digerir y dirigir el camino del arte. El disfrute y la apreciación por la cultura China y sus infinitos artefactos exóticos se presencian en el gusto de Recaredo hacia:

> Los cuchillos, las pipas, las máscaras feas y misteriosas como las caras de los pequeños hípnicos, los mandarinitos enanos con panzas de cucurbitáceos y ojos circunflejos, los monstruos de grandes bocas de batracio, abiertas y dentadas y diminutos soldados de Tartaria.... (201)

Además de los gustos artísticos de Recaredo, Darío describe la intima relación que existe entre el diseño y las ornamentaciones del taller de Recaredo. En el salón de trabajo, las decoraciones son al estilo francés. En los alrededores también se veían objetos y productos artesanales provenientes no sólo del Lejano Oriente, sino también de

otras partes del mundo. Darío escribe, "Recaredo amaba su arte...
su taller estaba poblado de... estatuas silenciosas, animales de metal,
gárgolas terroríficas, grifos de largas colas vegetales, creaciones góticas
quizá inspiradas por el ocultismo" (201). Incluso, el artista leía a
escritores franceses (Loti y Gautier) y por igual era un experto en la
creación de sus propias obras artísticas y en las del arte oriental. Darío
en este cuento presenta a un artista cosmopolita que está dispuesto a
aceptar e intercambiar nuevos conceptos sociales y culturales.

El diálogo de Recaredo representa la voz narrativa y la perspectiva
del escritor modernista. En el cuento de *La muerte de la emperatriz de
la China*, Robert, viajó a China "como agente de una casa californiana
importadora de sedas, lacas, marfiles y demás chinerías" (202). Ambos,
Recaredo y Robert son expertos en la apreciación y la valorización del arte
chino; tal vez haciéndose eco del trabajo crítico que desarrolla el escritor
modernista en su época. Éste le transmite al lector una perspectiva
concebida tanto del objeto como del espacio asiático. Robert en la carta
le comenta a Recaredo que "vine y vi. No he vencido" (202). Es aquí
donde se nos confirma que las imágenes concebidas por medio de las
lecturas realizadas antes de embarcarse en el viaje han sido aquellas con
las que se ha encontrado durante su estadía en Hong Kong. Robert une
los dos mundos – el occidental con el oriental a través de la porcelana
china. Esta unión proviene de las imágenes preconcebidas de las
representaciones pictóricas de los palacios imperiales de bellas princesas
en su vestimenta tradicional y de escenarios naturales. Además, es aquí
donde se percibe la estrecha relación socioeconómica con el pasado
histórico entre Asia y los países occidentales.[30]

La imagen concebida de Asia, desde el Medio hasta el Lejano
Oriente es probablemente una construcción excepcional del Occidente
de una alternidad cultural y regional de la Modernidad del período. Si
nosotros pensáramos en el sistema de alternidad cultural de Clastres,
"Inferiority on a hierarchical axis," (46) - el Oriente viene a ser el "Otro"
más cercano a Europa (el Occidente/el Oriente); ya que las exigencias
en la historia desde la filosofía, religión, y los sistemas de las creencias,
hasta el desarrollo económico y tecnológico más las ciudades y la vida
urbana, ponen al Oriente en la cima de cualquier jerarquía que el mundo
europeo pudiera construir.

Entonces, al hablar de la seducción y la atracción por el Oriente, la
fascinación por el lugar proviene de la deseable diferencia por conocerlo

y ordenarlo, para afirmar la superioridad de sus tradiciones y sus creencias para luego poder poseerlas, especialmente de productos tanto artesanales y artísticos como comestibles, elegantemente decorados, pintados y presentados. Esta seducción por adquirir, poseer y mostrar los artefactos provenientes del Lejano Oriente se presencia en los deseos de Recaredo cuando éste construyó "un gabinete minúsculo [. . .] en el centro, sobre un pedestal dorado y negro, se alzaba la exótica imperial. Alrededor de ella [el busto de la emperatriz de la china] había colocado Recaredo todas sus japonerías y curiosidades chinas" (203). Recaredo es aquel artista que necesita poseer los objetos orientales para disfrutar y fomentar su arte. Walter Benjamin en *Iluminaciones II* (1972) nos explica que "[e]l coleccionista es el verdadero inquilino del interior... [y] sueña con un mundo lejano y pasado, que además es un mundo mejor" (183). De esta manera, Recaredo es el típico coleccionista burgués que se rodea de productos artesanales y de mercancías que pudieran estar a su disposición y disfrute sin mayores contratiempos, pero enfatizando siempre su valor estético.

En definitiva, Darío nos relata en *La muerte de la emperatriz de la China* el trasfondo histórico y comercial existente entre Hispanoamérica y Asia a través de la adquisición de la figura del busto de la emperatriz de la China y la seducción que objetos orientales semejantes, produjeron en el mercado comercial. Esto también nos ejemplifica que el pueblo occidental, sin importar el nivel socioeconómico, ha tenido una gran fascinación y atracción por el arte, la belleza y la exoticidad del arte asiático. La distancia tanto geográfica como cultural de las civilizaciones del otro lado del océano le permitieron al artista construir una visión de lo que el Lejano Oriente pudiera haber sido; creando así un mundo sujeto a la imaginación tanto del escritor como del lector.

La imaginación, según Marion O'Callaghan en *Continuities in imagination* es "the selecting out and rearrangement of facts in order to provide coherence, framework and seeming unity between ideas and action, or more precisely to provide a basis for the direction of social relationships and the social creation of categories" (22). Entonces, lo imaginario representa la fundación del proceso colectivo de la representación social y la base de una estética social. Las imágenes representadas en el texto a través de las lecturas son asociadas e intercambiadas según la experiencia literaria y cultural que el lector tenga hacia el Lejano Oriente.

La producción estética del espacio es también colectiva, ya que el depositario de la memoria proviene de la experiencia social de los escritores y de los grupos sociales que recogen sus inmediaciones con lo cotidiano. Bronislaw Baczko en *Les imaginaires sociaux* (1984) nos comenta que es a través del imaginario que se pueden alcanzar las aspiraciones, los miedos y las esperanzas de un pueblo. En él, las sociedades delinean sus identidades y objetivos, y organizan su pasado, presente y futuro. Estos aspectos se presenciaron en las acciones de Recaredo y Robert en el cuento de *La muerte de la emperatriz de la China*, ilustrando a través de los eventos históricos y culturales las relaciones existentes entre China e Hispanoamérica. Además, lo imaginario es un lugar estratégico en que se expresan conflictos sociales y mecanismos de control de la vida colectiva.

El imaginario social se expresa por ideologías y utopías y también por símbolos, alegorías, rituales y mitos. Estos elementos plasman las visiones en el mundo, modelan conductas y estilos de vida, en movimientos continuos o discontinuos de conservación del orden vigente o de introducción de cambios (Baczko 54). En *La muerte de la emperatriz de la China* se presencia la adoración y el entendimiento del arte asiático por los artistas. Los biombos que coloca el artista alrededor del torso más las descripciones del narrador representan un espacio, además de físico, artístico. Es decir, los "arrozales" son símbolos de vida y fortaleza; las "grullas" representan la longevidad. Ambos símbolos son metáforas que un poeta y pintor chino utilizarían en la composición de un poema o cuadro en relación al tiempo y al espacio. Además, a través del lenguaje poético, Darío nos dibuja la imagen de un altar o santuario Oriental donde "[t]oda la gama, oro, fuego, ocre de Oriente, hoja de Otoño hasta el pálido que agoniza fundido en la blancura" (203); y construye un paisaje Oriental conceptualizado desde sus percepciones sensoriales del Lejano Oriente en un taller artístico hispanoamericano.

Dicha representación del paisaje oriental vendría a ser la inspiración artística que Recaredo necesitaría para la elaboración de su propia obra. Además, como mencioné anteriormente, el narrador nos indica que Recaredo poseía tal fascinación por las "japonerías" y las "chinerías" que le llevaban a hacer "sacrificios por adquirir trabajos legítimos de Yokohama, de Nagasaki, de Kyoto o de Nankín o Pekín" (203) para profundizar en sus conocimientos respecto a los productos provenientes de diferentes regiones asiáticas. La incomprensión hacia el artista tampoco está ausente en este texto, manifestándose en la falta de entendimiento de Suzette, quien no entiende la razón por la cual su esposo construyó un "gabinete" para adorar un torso femenino, que no fuera el de ella y su consecuente atracción.

El artista frente a los cambios de la modernización

Darío en otro de sus cuentos, *El Rey Burgués* nos presenta una crítica al capitalismo que junto al proceso de transformación y modernización de Hispanoamérica producido a finales del siglo XIX y principios del XX, estaba cambiando la cara de la sociedad. Dichos cambios se orientaron hacia la productividad, la utilidad y el lucro de los productos y bienes artísticos. El cuento también obliga al lector a fijar su atención en el conflicto socioeconómico que brinda la modernidad; es decir, en primera instancia Darío presenta una escritura muy simple, pero debajo de su superficialidad hay una defensa moral del arte y el artista. Darío resalta la dureza moral y mental de los adinerados que desacreditan el valor del arte. El Rey Burgués es quién posee y acapara las piezas de arte sin llegar a su total aprehensión. La acumulación de objetos no hace más que enfatizar la vulgaridad de este "rey burgués" quien a diferencia del poeta, es incapaz del disfrute estético del objeto de arte.

Además de los cambios socioeconómicos de la época, Darío nos da a conocer la posición de un artista soñador y creativo quien lucha contra el advenimiento de las innovaciones sociales, artísticas y culturales que se producían con la modernidad. Este cuento relata la historia de un rey, un hombre práctico y desconocedor del arte, que gracias a su riqueza acumula en su palacio una gran cantidad de arte y objetos preciosos con los cuales no puede relacionarse ya que para él, las "¡Japonerías! ¡Chinerías! [eran acumuladas] Por lujo y nada más" (128). Él es simplemente un coleccionista que acumula bienes sin entender su verdadero valor artístico. Incluso, es un derrochador que tan solo se limita a coleccionar y a abusar de su poder adquisitivo sin llegar a una total aprehensión del valor y el simbolismo del arte. Al parecer del poeta, él es el único quien aprecia la exoticidad y la belleza estética del objeto cultural, y le diserta al Rey: "¡[s]eñor, el arte no está en los fríos envoltorios de mármol, no en los cuadros laminados, ni en el excelente señor Ohnet! ¡Señor, el arte no viste pantalones, ni habla burgués, ni pone los puntos en todas las íes!" (130). El mismo título es un llamado de atención, es un reclamo o comentario negativo sobre la vida burguesa y el materialismo que ella implica. Al "rey burgués" a quien podemos pensar como una persona altiva, poderosa y avara, se le contrapone la figura del poeta que intenta adoctrinar al "rey" en lo que respecta al verdadero arte.

Sin embargo, la sed y el conocimiento del arte no eran suficientes para saciar el delgado estómago del poeta. Ante todo se necesitaba vivir para poder seguir admirando y haciendo arte. Una muestra de los cambios traídos en la vida intelectual por la modernidad es el hecho de la pérdida de mecenas tradicionales por parte de los hombres de arte y la inminente profesionalización de los intelectuales. Aunque en el cuento del "rey burgués" todavía vemos que el rey favorece a "músicos... pintores, escultores..." (127), la falta de poetas en la enumeración de los representantes de la corte que lo rodean, hace aparente una ausencia que se explicita con la presencia del poeta frente al rey y su consecuente cautiverio. Presentándose hambriento ante el rey y sus cortesanos, el poeta le reclama a este último su olvido e indiferencia hacia los poetas y los ideales culturales del pasado. Esa "rara especie de hombre" (129) no era otro que el poeta, una raza en extinción, que además se objetiviza en la pregunta del rey "-¿Qué es eso?" (129). En otras palabras, el poeta ya no es un artista que compone versos siguiendo su libre albedrío. Su creación no satisface su deseo y pasión por la belleza y el arte en sí, sino que dicha expresión artística tiene que complacer visual y auditivamente al que económicamente accede a lo que ellos piensan que es arte.[31]

En el cuento *El Rey Burgués*, Darío construye a través de la imagen de un jardín, un espacio representativo de la estructura política, social y económica ocupado por los distintos grupos sociales del siglo XIX. Es allí donde se ilustra el proceso adquisitivo de la clase burguesa y los cambios socio-artísticos que brindaba la modernidad en el consumo y apropiación de lo que ellos consideraban como expresión artística. Uno de los aspectos que sobresale en este cuento es la habilidad de criticar la situación social del momento, en este caso, el estado de los pobres y los mendigos. Dicha crítica se asocia con la presencia de un poeta pidiéndole comida al rey; quien le contestó simplemente que comería con la condición de que hablara. El poeta entonces comenzó a hablar del arte y de la poesía, aprovechando la oportunidad, se manifiesta de manera rítmica y de tal forma produce poesía. El rey burgués le preguntó a los cortesanos presentes qué hacer. "[U]n filósofo" (129) le dijo al rey que el poeta podía ganarse el pan dándole "vueltas a un manubrio" (130) en el jardín de los cisnes; y el rey así lo hizo. "Y desde aquel día pudo verse a la orilla del estanque de los cisnes al poeta hambriento que daba vueltas al manubrio: tiriririn, tiriririn..." (130).

El rey se rodeaba de intelectuales y personajes cultos en las letras, el arte y la filosofía, quienes estaban a su servicio y disposición. Es decir, el artista (no todos) ya no desarrollaban su arte tan solo por el arte; espontáneamente y para el disfrute propio. Su creación artística dependía de los gustos de quienes les pagaban; en este caso, el Rey Burgués, quien tenía los medios económicos para solicitar, y luego apropiarse de la creación por encargo de los intelectuales. Sin embargo, la idea de que el artista tiene el libre albedrío de producir su propio arte es cuestionable ya que tendríamos que hacernos la pregunta de quién lee los periódicos y quienes los circulan. En este caso es la burguesía y ellos son los que dirigen la dirección artística del poeta y del arte que se produce. José Martí en "Prólogo al poema del Niágara" (1882) nos comenta que "el poeta ama, no se asombra. No se espanta. Riega todas las lágrimas del pecho" (233). En otras palabras, el poeta es quien realiza el trabajo y es él quien crea y transmite el mensaje.

La gran diferencia que existe entre los dos cuentos hasta ahora analizados es que el Rey Burgués es quien no sabe apreciar los objetos artísticos. Su habilidad adquisitiva de comprar y poseer los objetos artísticos es una crítica directa hacia uno de los males que la modernidad brindó para aquellas personas económicamente capacitadas para el provecho individual de los bienes. Recadero también los adquiere pero él distinguía el valor artístico y apreciaba casi obsesivamente cada objeto exótico en su taller. El poeta en el cuento de *El Rey Burgués* a diferencia de Recaredo no necesitaba estar rodeado de artefactos artísticos para componer sus versos o para disfrutar la imagen placentera que estos artefactos producían al ser contemplados. Su habilidad artística y creativa le permitía captar la imagen del espacio asiático preconcebido de las actividades cotidianas de la cultura oriental ilustradas en los múltiples objetos e imágenes culturales en sus estrofas recitadas al rey burgués.

Otra diferencia que se destaca entre los dos cuentos, es el empleo del espacio físico. En *La muerte de la emperatriz de la China* el taller de Recaredo estaba decorado al estilo francés, y en él acumulaba objetos provenientes de todas partes del mundo, convirtiéndolo en su microcosmo que le permitía refugiarse de los cambios traídos por la llegada de la modernidad ya que "el interior es el lugar del refugio del arte. El interior no solo es el universo del hombre privado, sino que también es su estuche" (Benjamin 183). El taller es uno de los múltiples espacios predestinados y creativos del artista y es allí donde Recaredo capta y crea sin interrupción su arte y su percepción conceptualizada e idealizada del Oriente.[32] La descripción del espacio oriental en el cuento *El Rey Burgués* por parte de Darío, sienta las bases para una representación visual y espacial del Lejano Oriente con la siguiente descripción: "había una ciudad inmensa y brillante, un rey muy poderoso que tenía trajes caprichosos y ricos, esclavas desnudas, blancas y negras, caballos de largas crines, armas flamantísimas, galgos rápidos y monteros con cuernos de bronce, que llenaba el viento con sus fanfarrias" (127). Las primeras líneas conducen al lector a imaginar un espacio único y seductor que variará de acuerdo a la noción forjada de la percepción de los espacios orientales previamente desarrollado a través del contacto literario que el lector haya tenido con el Lejano Oriente. Además, las imágenes concebidas por medio de los elementos mencionados provienen de varios imaginarios sociales colectivos, compuesto de un conjunto de emblemas que actúan como memoria expresivo-social de una cultura expuesta a las diferentes influencias literarias.[33]

En *El Rey Burgués*, el espacio físico concebido de lo que se consideraría como una representación de lo oriental por parte del rey burgués, no es el inmenso palacio con "[salones] griego[s], lleno de mármoles: diosas, musas, ninfas y sátiros; el salón de los tiempos galantes, con cuadros del gran Watteau y de Chardin" (128), sino el jardín. El jardín representa un microcosmo del mundo caótico que se avecina con la modernidad. El rey burgués acumula en su palacio y en su jardín todos los emblemas representativos más sus creadores y representantes del mundo artístico. A través del jardín se presencia la crítica directa hacia uno de los males asociados con la modernidad – la privatización y apropiación del arte a través de la compra y venta de obras artísticas por parte de la burguesía. El jardín además de estar saturado de múltiples piezas de arte junto a sus creadores, es el espacio físico en donde se destruye y mutila al poeta, restringiéndosele su creatividad artística, a la vez que lo obliga a automatizarse: "el rey;... dirigiéndose al poeta: - Daréis vueltas a un manubrio. Cerraréis la boca. Haréis sonar una caja de música que toca valses" (130). Al poeta se le despoja de su creatividad y de su libre albedrío para componer sus versos, y su creación una vez artística ahora es mecanizada. La música de la caja es una mera repetición de tono monótono que no posee ni vitalidad ni creatividad; propulsores esenciales e indispensables en la producción artística de todo poeta.

Estas transformaciones en los ámbitos socioculturales y económicos desde la perspectiva del escritor y/o artista modernista a fines del siglo XIX y principios del XX se sobreponen en las imágenes y en las descripciones de los relatos escritos. A través de las lecturas tanto el escritor como el lector llega a la conclusión de que las imágenes visuales construidas de un objeto decorativo se encontraban frente a una sociedad moderna y sofisticada que todavía mantenía vivamente el exotismo en sus tradiciones culturales.

Además de los factores comerciales e históricos que rodearon a los modernistas, existió un sistema de referencias sobre Asia; definido por Juan Ramón Jiménez como "un gran movimiento de entusiasmo y libertad hacia la belleza" (33). El misterio, la magia y la belleza de la cultura oriental además de la legendaria historia ya sea de China o del Lejano Oriente se nos presentan en un cuento titulado "Los dos ruiseñores" publicado en *La edad de oro* (1889) de José Martí.[34] Esta serie de cuentos, poemas, artículos y crónicas se publicaron originalmente de manera mensual (4 revistas en total, de julio a octubre de 1889) gracias al generoso apoyo financiero del empresario A. Da Costa Gómez. Estas revistas dedicadas a los niños y a la juventud hispanoamericana según Martí contenían "verdaderos resúmenes de ciencias, industrias, arte, historia y literatura, junto con artículos de viajes, biografías, descripciones de juegos y costumbres, fábulas y versos" (*Obras Completas* 296), para el recreo y la instrucción dedicada a los niños de América.[35] "*La edad de oro* inaugura una nueva fantasía que es como una nueva magia: la magia del mundo moderno, la que posibilita el desarrollo de la ciencia y la técnica de fines del siglo XIX" (295) según Alga Marina Elizgaray. Además, esta serie de relatos "no es un muestrario de recetas ni de consejos de estricto cumplimiento [. . .] Es una obra de arte y un vehículo de comunicación en que la carga ideológica, aun cuando se hace explícita, no pierde jamás su valor estético" (5) según lo plantea Mercedes Santos Moray.

El cuento *Los dos rui*señores (versión libre de un cuento de Hans Christian Andersen), así estipulado por el autor, relata que en la antigua China existía un emperador que vivía en un hermosísimo palacio de porcelana blanca y azul, y de hermosos jardines. La historia dice que este emperador de noche se disfrazaba y visitaba los pueblos en donde residían los chinos más necesitados, y a quienes les repartía arroz y pescado seco. Los viajeros que visitaban el país y que luego escribían libros, relataban sobre la hermosura del palacio y del jardín, de los naranjos, los peces, pero particularmente mencionaban a un ruiseñor considerado por ellos lo más maravilloso del palacio. Irónicamente, el emperador que sabía todo lo que sucedía en el imperio, ignoraba sobre la existencia de este ruiseñor que desde su árbol en el bosque cantaba a los pobres pescadores. Al enterarse, el emperador ordenó que se lo trajeran, y ante su sencilla presencia y magnífico canto el monarca se maravilló. El ruiseñor en el palacio cantó tan dulcemente que hizo correr lágrimas por la cara del emperador y su corte. De esta manera, el ruiseñor pasó a ser la maravilla del imperio hasta que fue reemplazado por un pájaro de metal con incrustaciones de zafiros y rubíes, que en el canto imitaba al verdadero. Maravillados por esta joya mecánica en la corte lo bautizaron con el nombre de "gran pájaro internacional" (288). A partir de ese momento, el ruiseñor artificial pasó a ser el asombro de la corte y de todo el imperio, hasta que un día se rompió. Los intentos de reparación fueron inútiles. El emperador se enfermó hasta tal punto que nombraron su sustituto, pero una noche el ruiseñor verdadero regresó y le cantó hasta que le devolvió la vida.

En este cuento Martí expone a sus jóvenes lectores la cultura asiática a través de un relato en donde abunda el elemento descriptivo de los diferentes cuartos y salones del palacio imperial, sus jardines y alrededores. Además acentúa las diferencias culturales, sociales y políticas entre las dos naciones por medio de la comparación y en algunos casos la metáfora. Según Lefèbrve, este espacio incorporado se encuentra unido a los "monuments, distinctive landmarks, paths, natural or artificial boundaries (like rivers or highways)" (110) que ayuda a la producción y reproducción del espacio concebido a través de las percepciones de imágenes cotidianas del espacio vivido que en algunos casos es el espacio preconcebido.

El preciosismo del arte modernista, en este cuento, se hace presente y fue llevado a su máxima expresión con la representación del ruiseñor con cola de oro y plata, adornado de diamantes, zafiros y rubíes. La artificialidad del producto de la mecanización, y por extensión el rechazo modernista a ésta, se expone cuando se hace cantar a ambos pájaros a son. Mientras el canto del pájaro natural surgía como "le nacía del corazón sincero y libre" (288); "el artificial cantaba al compás, y no salía del vals" (288). Con el objetivo de resaltar la falta de originalidad y lo artificial del pájaro mecánico, éste llevaba un letrero en donde se leía "¡El ruiseñor del emperador de China es un aprendiz junto al del emperador del Japón!" (288). Así sabemos que no era único – sino una copia, una réplica de otro que tenía el emperador del otro gran imperio oriental. Otro elemento que enfatiza la falta de originalidad es que la música del ruiseñor mecánico era un vals que nunca se salía de su compás preconcebido. Válido es mencionar que el vals no es autóctonamente oriental, sino europeo.

Martí, también nos presenta la división de las clases sociales y los espacios correspondientes a cada una de ellas. Como monarca del imperio, el emperador entendía la división socioeconómica que existía en el mismo y el debido comportamiento correspondiente a su casta. Sin embargo, estaba dispuesto a transgredir esos espacios y reglas y por las noches se ponía "la barba larga en una bolsa de seda azul, para que no lo conocieran, y se iba por las casas de los chinos pobres repartiendo sacos de arroz y pescado seco" (282). Mercedes Santos Moray explica que las acciones del emperador le hacen al lector "tomar conciencia de nuestras fuerzas, a conocernos mejor para ser útiles, así como a cultivar, en los niños, y en los mayores, el candor y la ternura, a trabajar con las manos y con las ideas, a templar el carácter en una lucha continua por hacer el bien" (11). Es decir que ayudar al prójimo en momentos de necesidad es deber de todo ser humano sin importar la propia posición social.

A pesar de sus buenas acciones, el emperador no supo dejar de lado sus caprichos, ejemplificándose en el texto cuando le dice-ordena al ruiseñor que "¡siempre estarás junto a mí! ¡En el palacio vivirás, y cantarás cuando quieras!" (290). El ruiseñor al final del cuento le recordó que "los pescadores me esperan, emperador, en sus casas pobres de la orilla del mar. El ruiseñor no puede ser infiel a los pescadores" (290). En otras palabras, tanto el emperador como el ruiseñor son fieles servidores del pueblo. El emperador a pesar de estar disfrazado, ayuda al necesitado y el ruiseñor a través de su música mantiene la armonía, la paz y la tranquilidad entre la gente de bajos recursos. Ambos hacen lo posible por mantener "la igualdad entre los hombres,… la igualdad entre los pueblos" (Moray 8). En resumen, Martí en este cuento le transmite al joven lector el concepto de la libertad y el derecho de la libre expresión. También le hace reconocer su derecho al libre albedrío.

Estética y literariamente el ruiseñor real cumple la función artística y creativa de lo que "el poeta" representó en "El rey burgués" (1887) de Darío, el poeta bien podría ser el antecedente del ruiseñor en este cuento de José Martí.

Los críticos y especialistas que estudian el siglo XIX concuerdan que el empleo de artefactos culturales provenientes de Japón y del Oriente en general, más el nuevo estilo artístico (el modernismo) se inició con el gran pintor James Abbot Whistler (1834-1903). Durante esa época de innovaciones, las tiendas orientales, *La porte Chinoise* de Paris y *La Oriental Warehouse* en Londres fueron los espacios más frecuentados por los artistas quienes buscaban en ellas las impresiones e imágenes representativas del Lejano Oriente para describirlas.

Otro escritor cubano que no tuvo la gran fortuna de viajar a Francia ni al Lejano Oriente fue Julián del Casal.[36] Casal leía francés e incluso fue uno de los primeros poetas hispanoamericanos en traducir al español a escritores y poetas franceses como Moréas, Verlaine, Richepin y de Heredia, entre otros (Nunn 74). Pedro Henríquez Ureña nos comenta que Casal fue "el primero [que introdujo] los temas japoneses en la literatura hispanoamericana" (166) y por esta razón se le considera como el primer orientalista hispanoamericano ya que en sus escritos él trataba de hallar y de (re)crear un mundo diferente del suyo; un mundo donde "el joven y desafortunado escritor cree encontrar en el oriente un sello distintivo que lo diferencia de la vulgaridad humana. Es por esta razón, quizás, que pinta lugares exóticos y viste a las mujeres aristocráticas con trajes asiáticos" (Jiménez 108). Su increíble fascinación por las tierras lejanas se expresa en uno de sus poemas de *La gruta del ensueño*:

> Ver otro cielo, otro monte, otra playa, otro horizonte,
> otro mar... Otros pueblos, otras gentes
> de maneras diferentes de pensar...

Además de su aspiración por conocer países exóticos, Casal admiraba con gran fervor todos los objetos y todas las producciones pictóricas provenientes de países distantes y en especial del Lejano Oriente. Sin embargo, Rosa M. Cabrera nos asegura que "[d]e asunto oriental escribió Casal pocos poemas, aunque las alusiones a su admiración por los objetos de arte procedentes de Asia, aparecen en muchos de sus versos" (57). Pero, su valorización y su interés por el arte en general se sintetiza en su crónica *El arte japonés: a vista de pájaro* publicado en el diario *La Discusión* de La Habana en 1890,[37] en donde Casal explica que:

> [v]iendo la obra por encima, muchos hombres..., la considerarán como un simple álbum de curiosidades..., de monstruos terribles que soportan el cuerpo delicado de extrañas mujeres, de casas levantadas a orillas del agua, de tapices de seda, recamados de oro y de mil extravagancias. (*Prosas* 2:159)

Su conocimiento y sus descripciones de los cuadros y objetos artísticos procedentes del Oriente nacen de ser expuestos a las ideas y a las experiencias de aquellos escritores y viajeros que han descrito detalladamente sus experiencias con los objetos e imágenes representados en sus escritos y sus pinturas. Esta crónica también expresa su gran interés, su obsesión y conocimiento por todos los bienes de Asia, especialmente las obras artísticas y decorativas de Japón. Para Casal, el libro como arte se manifiesta en la obra de arte terminada y puesta en despliegue para el disfrute visual. Casal nos lo explica así:

> [a]ntes de poseer esta obra, la había visto muchas veces.... Tasábala en un precio tan elevado, que no me atrevía a dirigirle una mirada.... Pero un día me decidí... a sacarla de su nicho de cristal, a sostenerla..., y, desde ese día, el deseo de poseerla.... (*Prosas* 2:157)

Casal se maravilla en poder transmitirle al lector sus emociones hacia esa obra de arte inalcanzable en un primer momento para él, por encontrarse en un "nicho de cristal". El autor nos explica que el valor monetario del objeto era altísimo e inaccesible, tal como se le presentaba el añorado viaje al Lejano Oriente. Finalmente, cuando se decide a adquirirla, no le queda más remedio que contemplar y admirar la pieza de arte como si estuviera viviendo por medio de esta experiencia su visita al deseado Oriente, a través de las representaciones en su espacio textual.[38]

Julián del Casal canalizó su pasión por lo inalcanzable y el imaginario ideal de las civilizaciones distantes y culturalmente desconocidas, en la decoración y creación de su propio espacio oriental. Con respecto a este tema Mario Cabrera Saqui comenta que, "Casal se fue a vivir a un pequeño cuarto situado detrás del local que ocupaba la redacción de *La Habana Elegante*. Instalado en su nueva habitación que adornó de acuerdo con su fantasía exótica y original, se entregó por entero a sus quiméricas ilusiones y a sus sueños, alejado de todo lo vulgar y cotidiano" (269). De esta manera vemos como esta cita ilustra de qué manera Casal en su cuarto pequeño, oscuro y alejado de las conmociones de la sociedad y de los eventos económicos y socioculturales de "fin de siglo" construye en su propio ambiente físico en La Habana, un espacio concebido, exótico e imaginario oriental para inspirarse y escribir sobre las civilizaciones lejanas que no llegó a conocer.

El uso de los bienes comerciales y decorativos en la literatura de "fin de siglo" fue conocido como el "japonismo" o "japonerías". Acerca de la función de la acumulación de objetos de origen asiático, Catalina Pérez Abreu nos explica que, "[l]os excesos materialistas... traspasaron el comercio para entrar en la escritura, especialmente en los comienzos del movimiento modernista. Es así que observamos habitaciones repletas de objetos orientales y descripciones de elementos exóticos como la seda china y piedras preciosas en torres de marfil" (7). Pero Casal va más allá de la mera acumulación, enumeración y descripción de objetos. El autor por medio de su escritura parece darles vida, animándoles por medio de su creatividad artística con el objetivo de "componer una serie de retratos verbales que no brotaban de la naturaleza o la realidad misma, sino del arte o de las grandes imágenes míticas" (Oviedo 263).

El progreso en el ámbito científico, tecnológico y comercial experimentados a fines del siglo XIX, ayudaron a que la gente, y en este caso en particular a los artistas, pudieran apreciar, comparar y contrastar una mayor cantidad de objetos provenientes de países distantes. En otra crónica titulada *Japonería* escrita para el diario *La Discusión* de La Habana en 1890, Casal nos describe un "jarrón japonés" que se encontraba en la estantería de una tienda al que el autor denomina "búcaro". Para presentarla al lector el autor elije un término proveniente del vocabulario familiar y criollo que quiere decir vaso para flores. En esta ocasión el búcaro japonés estaba al alcance económico del artista e incluso para el disfrute y posesión del consumidor en general. Casal contextualiza la presencia del objeto al describirnos la imagen tanto del espacio físico que rodea al búcaro japonés como la obra de arte en sí:

Sobre el esmalte verde Nilo, fileteado de oro..., se destacaba una Quimera de ojazos garzos...; de alas de pedrería..., deseando alcanzar, con el impulso de la desesperación una florecilla azul del corazón de oro, abierta en la cumbre de un monte nevado sin poderlo conseguir. (*Prosas* 2:97)

El espacio físico que rodea el búcaro japonés es obviamente exótico, imaginado y culturalmente construido. Este espacio es recreado desde las perspectivas visuales de lo que el Oriente representa para Casal, traduciéndose de esta manera en una construcción cultural artística. El espacio en el texto es original y visual; sin embargo, la visibilidad del espacio ayuda a que el lector y/o el espectador contextualicen la imagen del objeto a la cultura originaria. Marshal Nunn explica que Casal "was an ardent admirer of beauty, and never ceased in his search for it. He loved the exotic, and was one of the very first to fall under the spell of Loti, the De Goncourt brothers, and Judith Gautier" (77).

Casal a pesar de no haber viajado al Asia que describe en sus textos, las propias aproximaciones hacia los cuadros y objetos orientales se manifiestan desde una perspectiva artística y creativa con el simple hecho de satisfacer su curiosidad intelectual y artística, en particular debido a que "vivía en su propio ambiente, hijo de sus lecturas en amoroso consorcio con la fantasía; y sus producciones, ya que no eran el producto directo de la observación real, sino del lastre espiritual que en su intelecto dejaban de las creaciones artísticas de esos autores. Su único amor era la belleza" (Cabrera Saqui 270). El aislamiento físico y espiritual de Casal le facilitó y proporcionó una máxima libertad creativa volcada en sus escritos. Casal llegó a perfeccionar el uso del vocabulario y a utilizar las imágenes concebidas de los objetos en sus espacios físicos como ningún otro.

La visualización de la mujer oriental en el Modernismo

El poema *Kakemono* es uno de los escritos que ilustra su libre albedrío en el uso de las imágenes originales y exóticas, su gran destreza artística en la manipulación del lenguaje y del espacio preconcebido de países lejanos. El poema según Rosa Cabrera "apareció en la revista *La Habana Elegante* el 22 de mayo de 1891 con el título de *Pastel japonés*.[39] El Kakemono es una pintura vertical japonesa enrollable que se cuelga en un lugar destinado como santuario para la entrada de la casa. El esquema esencial de estas pinturas son los temas religiosos proveniente del budismo zen. Además, el sintoísmo fue influenciado por el budismo y es por eso que existen en muchos kakemonos alusiones a los Kami – los espíritus de la naturaleza y algunos miembros de la familia imperial. Los creyentes del sintoísmo creen que la familia imperial descendió de un Kami – la diosa del sol en la cultura japonesa, y que por lo tanto, existen kakemonos dedicados a los miembros más distinguidos de cada familia. Sin embargo un kakemono también está asociado con la vestimenta tradicional de las mujeres japonesas del siglo XIX.

Originalmente el título del poema *Kakemono* fue escrito en caracteres japoneses. Este atrevimiento de ponerlo en otro idioma que no sea el castellano, atrajo aun más la atención de aquellos lectores interesados por experimentar el Lejano Oriente y los espacios preconcebidos de sus lecturas. Rosa M. Cabrera nos explica que en este poema "las descripciones físicas son mínimas, pero abundan los detalles y las evocaciones del Imperio del Sol Naciente" (57).

La inspiración para la composición del poema proviene de una fotografía que desplegaba la belleza extraordinaria de María Cay – hija de un distinguido comerciante japonés y hermana de Raúl Cay, cónsul japonés en La Habana y amigo personal de Julián del Casal (Figueroa 11). Ahora, según cuenta la historia, la señorita Cay le regaló una foto a del Casal donde ella lucía un traje de japonesa el cual usó en un baile de disfraces. Por su lado Atsuki Tanabe en *El japonismo de José Juan Tablada* (1981) en una nota a pie de página nos comenta que "Darío conoció [a María Cay] en La Habana. [Sin embargo, no nos dice cómo/ dónde Darío la conoció, pero nos manifiesta que ella] era hija del cónsul imperial de la China. Por consiguiente, esta muchacha no era cubano-japonesa, sino una cubano-china" (26).[40] La confusión presentada entre los intelectuales y exploradores de los siglos XIX y XX es muy común entre aquellos que no pudieron distinguir las características fenotípicas entre los chinos y los japoneses. El color de la piel, la forma de las caras y la textura del pelo por ejemplo fueron indistinguibles para muchos. Por eso al observar los rasgos físicos y culturales de María Cay a través de una reproducción artística, muchos críticos presentaron versiones diferentes pero que al mismo tiempo fueron únicas.

Desde la perspectiva modernista, la mujer tenía que ser una bella e inspiradora musa, cuyas características hicieran despertar y estimular en el poeta el Eros artístico. María Cay ejemplificaba este tipo de mujer etérea, pero a la vez exótica que distaba de la heroína idealizada de los escritores románticos. Esta "nueva musa" era representada con valores psicológicos, sociológicos y sobre todo estéticos. El lenguaje utilizado para describirlas era ornamentado, preciosista y elegante. La atracción y el sensualismo que ellas ejercían en la imaginación del poeta, ayudará a describirla como una imagen sexualizada e impregnada, aunque se intente evitarlo, de prejuicios socioculturales occidentales.

El poema *Kakemono* está compuesto de cinco estrofas. En las primeras líneas nos comenta sobre la imponente belleza que posee la figura ante el presente. También les aclara a los lectores el origen de esta mujer a través de una referencia indirecta que necesita de la activa participación del lector. Julián del Casal nos dice que esta mujer ostenta "la hermosura de las hijas/del país de los anchos quitasoles" (*Nieve* 75), es decir de Japón. Inmediatamente atrae y obliga a su lector a conceptualizar todas las imágenes y sensaciones pertenecientes a una sociedad distante en donde la imaginación y el desplazamiento mental les obliga a visualizar un "grupo de connotaciones y asociaciones que les permite crear poesía" (Beebee 49).[41] Además y quizás para extender la incógnita del personaje femenino, su identidad no es revelada al lector. Esta ambigüedad le permite tanto a Casal como al lector construir y manipular una imagen fantasiosa y caprichosa, e incluso original, de la sorprendente belleza femenina que se le presenta ante su imaginación.

En la segunda y tercera estrofa Casal despliega su amplio conocimiento de los paisajes visuales y ornamentales provenientes de Japón. En el proceso, Casal a través de los recuerdos y las descripciones de los escritores que tuvieron experiencias personales concibe un recuento de estas imágenes naturales y artificiales como la de los "sonoros bosques de flexibles bambúes" (12-13), las "agujas de oro" (24) y la "pagoda de la santa Kioto" (51). Por medio de íconos representativos de la simbología orientalista de los escritores modernistas, Casal le recrea al lector una imagen extravagante y exótica del objeto, del espacio físico preconcebido y de otros aspectos seductores de Japón como la mujer-geisha. El uso de animales legendarios y místicos bordados en el kimono vestido por María Cay, entre ellos: "cigüeñas, mariposas, y dragones" (38) también incitan a capturar lo mitológico y legendario de las culturas del Lejano Oriente, concebido exclusivamente a través de imágenes visuales y textuales de objetos artísticos y de bienes tantos comestibles como decorativos.

En la cuarta estrofa, Casal glorifica la belleza de María Cay llamándola "la Emperatriz de los nipones" (50). Jorge Ruedas de la Serna comenta que "[l]a mujer japonesa fue para el poeta modernista un objeto poético que, como imagen, representaba metonímicamente la cultura y la civilización oriental" (123). Casal también ejemplifica su admiración por las mujeres y las vestimentas del imperio japonés. Incluso añade el nombre de las dos ciudades culturalmente menos afectadas por el avance imperialista y tecnológico de los países occidentales, Kyoto y Yoshivara ofreciéndole al lector una sensación de localidad y de acercamiento cultural para aquellos que conocen el Japón desde la perspectiva geográfica.

Otro escritor modernista quien transmitió la impresionante belleza de María Cay fue Rubén Darío. Este después de haberla visto en un retrato en la casa de Casal durante su visita a La Habana en 1892 escribió dos poemas *Para una cubana* (1892) y *Para la misma* (1892). Ambas composiciones poéticas reiteraron la atracción física que él sintió cuando la admiró a través del retrato. Las imágenes que nos transmite Darío en estos dos poemas reflejan el encanto seductor y la atracción tanto física como visual que María Cay difundía en su foto.

En el poema *Para una cubana* Darío describe las características físicas de María Cay como "poesía dulce y mística" (193). También nos transmite su exoticidad cuando nos comenta que ella posee cualidades, "[m]isteriosa y cabalística / con faz de porcelana / de una blancura eucarística" (193). Además Darío agrega que su hermosura resaltada a través del retrato es tan sofisticada y exótica que le "puede dar celos a Diana" (193), la diosa romana de la caza y la naturaleza salvaje. En este mismo poema, Darío también nos insinúa que el origen étnico de María Cay proviene de un "prestigio asiático" (193). Es decir, el esplendor de su belleza provendría de las seductoras imágenes preconcebidas de las princesas del Lejano Oriente que cautivaron las mentes y la imaginación de muchos escritores y lectores fascinados por descifrar los misterios del Lejano Oriente.

Darío nos asegura la etnia de María Cay en el poema *Para la misma*. Él les comenta a sus lectores que María Cay es "cubana-japonesa" (193).[42] La belleza, el misterio y la seducción que nos transmite la imagen de María Cay provienen de las descripciones hechas hacia la mujer japonesa, especialmente la imagen representativa de la geisha; la cual percibió y contextualizó de los relatos de los escritores y viajeros europeos que viajaron a Japón. Dicha percepción tanto para los escritores europeos como para los hispanoamericanos representó la posesión y el control no físico sino imaginario de las geishas japonesas, cuya destreza era transmitir su delicadeza y su sensualidad hacia el sexo masculino, creando de esta manera un mundo de fantasía y de sueños patriarcales hechos realidad.

Por lo tanto, los escritores europeos que se embarcaron en la travesía a Asia como los hispanoamericanos que viajaron y los que no; presentaron en sus obras su visión deseada de la nación asiática y sus proyectos de construcción de la misma que ellos mismos anhelaban. El discurso del deseo en los escritores europeos e hispanoamericanos en relación a Asia pretende alcanzar una nación unida y burguesa. En otras palabras, es predominantemente un discurso burgués, el cual es amante del refinamiento, la estética, la educación y la formación del arte a modo occidentalizado. Muy ligado a este discurso del deseo aparecen las peculiares características socio-económicas, políticas y culturales de Asia, en especial de China y Japón. Doris Sommer en su artículo "Love and Country: An Allegorical Speculation" nos explica que en la construcción ya sea de la nación oriental en sí, del cuerpo femenino conceptualizado a través de representaciones visuales o del espacio físico cultural "eroticism and nationalism become figures of each other in modernizing fictions" (31). Es así que el artista hispanoamericano llega a enamorarse y a rendirse ante su propia creación literaria dejando que la belleza creada por él mismo se absuelva dentro de su propia inspiración, produciendo de esta manera una imagen sensual e irresistiblemente maravillosa, admirada y deseada por todos dentro de un mundo perfectamente moldeado a los deseos y a los gustos del aspirante.

Rubén Darío le cede a su lector la posibilidad de trasladarse a un mundo lejano, exótico y a la vez sensual donde la fantasía, la perfección corporal y artística más la noción de lo inaccesible llega a convertirse en una realidad preconcebida. Estas imágenes ofrecen la exaltación de dicha inspiración por lo lejano, lo desconocido y lo exótico. También reflejan la realidad visual tanto del espacio oriental concebido como de las representaciones artísticas del cuerpo femenino oriental por parte de los escritores occidentales. El personaje, en este caso, María Cay es quien ayudó al artista y al lector a capturar la realidad del espacio asiático dentro de un mundo de imágenes artísticamente moldeadas según aquellos que las describen. Darío también logró alcanzar dicha realidad artística en su cuento *La muerte de la emperatriz de la China* cuando recreó el espacio asiático dentro de la vitrina donde colocó el torso de la emperatriz. La vitrina contenía innumerables objetos artísticos de diferentes dimensiones y culturales provenientes del Lejano Oriente. La realidad del espacio asiático se proyectó a través de imágenes preconcebidas. Ya que al examinar algunos de los escritos de Casal, Martí y Darío llegamos a la conclusión de que ellos habían conocido la obra de los europeos orientalistas como Chamberlain, Apollinaire, los hermanos Goncourt y Pierre Loti.

Los intelectuales y poetas hispanoamericanos de la primera etapa del modernismo tomaron el concepto de lo oriental como uno de los elementos esenciales para la producción del exotismo. Ahora, si analizamos la producción artística relacionada con el tema de lo "Oriental" por parte de los escritores antes mencionados podemos percibir el aspecto materialista: los jarros, los abanicos, los biombos, las vasijas, las musmes[43] y las geishas en varios poemas de la época modernista. Veamos el poema de Rubén Darío:

> *Divagación*
> ....
> Ámame japonesa, japonesa
> antigua, que no sepa de naciones
> occidentales; tal una princesa
> con las pupilas llenas de visiones.
> (*Prosas profanas* 21)

Darío se detiene en la superficialidad del tema y en la manifestación de lo inalcanzable. El poeta sólo observa la belleza subjetiva del objeto, la cual lo asocia a lo oriental y a lo exótico. Este poema al igual que otros fue la crítica que se les hizo a los poetas y escritores de la etapa inicial del Modernismo – la elaboración a través de palabras rebuscadas y embellecidas para la creación de un espacio físico y cultural preconcebido y artísticamente moldeado a los deseos de satisfacer y de transmitir lo desconocido y lo lejano; fue el resultado de una critica hacia la vulgaridad y al derroche artístico-cultural que la burguesía emergente impuso en los artistas a fines del siglo XIX. Expandiendo en el tema, José Emilio Pacheco nos explica que:

> Los modernistas fueron producto de la especialización; les interesó... el arte como... sus contemporáneos, sólo se apasionaron por el provecho económico... el poeta... como dandy desafiliado de una sociedad utilitaria... que le niega su protección lanzándolo a ganarse la vida en el mercado. (*Antología del modernismo 1884-1921* XLIV).

La etapa inicial del modernismo junto a los principios de modernidad y modernización en los países hispanoamericanos produjo un despegue socioeconómico en muchos artistas. Dicha separación hizo que muchos emplearan técnicas y estilos de escrituras aceptadas por parte del supuesto experto y consumidor de obras artísticas – el burgués. Sin embargo, Ivan Schulman nos explica que: "el modernismo... es un fenómeno sociocultural multifacético" (*Modernismo/Modernidad* 11). Es decir,

> los factores de esta profunda transformación social aumentaron el sentido de desarraigo y angustia del escritor modernista: el desmoramiento del sistema ideológico colonial... [produjo] la crisis de la fe religiosa, la comercialización de la cultura, y la marginalización en ella del escritor. (*Vigencia del modernismo* 3)

En relación a estos últimos dos factores, Ángel Rama en *Los poetas modernistas en el mercado económico* tomando las palabras de Ernest Fischer nos aclara que "la primera mitad del siglo XIX – el arte también se convirtió en mercancía; y el artista, en productor de mercancías [y el] mecenazgo fue substituido por un mercado libre" (49). La libre creación artística ya no se encuentra en las manos de su creador. El nuevo autor, el quien adquiere la obra maestra es el que le da uso y valor; en este caso, los miembros de la burguesía. El nuevo autor – los miembros de la burguesía, son los quienes adquiere la obra artística. Ellos son los que le dan uso y valor. En otras palabras, el artista no es libre de producir su propio arte porque no se produce según la inspiración artística de su creador sino que tiene que ser producida según los gustos de quienes la disfrutan.

Este capitulo examinó el discurso de los escritores hispanoamericanos del principio del siglo XIX que no viajaron al Lejano Oriente. Muchos de estos autores por medio de la observación, la mediación y la deducción de las imágenes decorativas en los artefactos culturales y artesanales como la cerámica y la pintura; construyeron sus propias interpretaciones de la cultura y del espacio asiático preconcebido en sus descripciones. Además de los productos artesanales, otros autores utilizaron poemas y breves relatos de viajeros europeos que tradujeron escritos del chino o japonés al inglés o francés para transmitir la imagen conceptualizada y deseada del Lejano Oriente. Dichas reflexiones transmitieron una visión exótica y preciosista de Asia sin codificaciones socio-culturales.

La mayoría de los escritores que no viajaron, enfocaron sus esfuerzos en comunicarles a sus lectores la belleza superficial, el misterio y la magia de la cultura oriental. En fin, estas innovadoras formas artísticas de visualizar el Lejano Oriente fueron las plataformas literarias y culturales para la formación de nuevas perspectivas asociadas a la mediación del Lejano Oriente. Los lectores y escritores emergentes ansiosos por conocer el Asia que conceptualizaron a través de los textos de aquellos que no emprendieron el viaje tienen diferentes puntos de vistas e interpretaciones asociadas al Lejano Oriente. La gran diferencia entre los escritores del principio del siglo XIX y los de finales del XIX es que estos se embarcaron en la travesía por Asia gracias a uno de los muchos avances tecnológicos (el vapor transatlántico) de fin de siglo.

En el siguiente capítulo analizamos el discurso de los escritores-viajeros que emprendieron su travesía por Asia. Muchos de estos fueros influenciados por las descripciones de los espacios físicos y culturales de aquellos que no viajaron, pero que literaria y artísticamente transmitieron la belleza, la magia y el misterio que China y Japón les impresionó cuando leían los poemas y las crónicas de esos distantes y fabulosos países orientales. Otros como José Juan Tablada y Enrique Gómez Carrillo viajaron al Japón como corresponsales de noticias. La tarea primordial de ellos era recaudar y transmitir mensualmente en los periódicos las nuevas innovaciones políticas, socio-económicas, culturales y artísticas de la cultural oriental a los lectores hispanoamericanos interesados en el Lejano Oriente.

CAPITULO TERCERO

EL ESPACIO ASIATICO CONCEBIDO Y VIVIDO

Why visit Japan?

because of the volcanic peaks, the thousands of tiny islands with their twisted pines, the huge, pillar-straight cryptomeria trees, the swaying, rustling bamboo, the hills of tea bushes groomed like velvet.

Lensey Namioka. *Japan: A Traveler's Companion*

Introducción

Asia siempre ha atraído la curiosidad de Occidente, especialmente en lo relacionado con el mundo mercantil.[44] Tras el regreso de Marco Polo de su largo e interminable viaje por el Lejano Oriente, muchas casas editoriales desde aquella época hasta el presente han tratado de alentar una imagen artístico- cultural de Asia, propagada por la importación y exposición de exóticos objetos artesanales y artísticos que provenían de esa parte del mundo y su consecuente comercialización y representación artístico-visual de los mismos.

Paralelamente, las leyendas e historias sobre samuráis y geishas japoneses influyeron en la creación de un imaginario tan sofisticado como prohibido. Análogamente, para incentivar la imaginación y visualizar a China, muchos autores describían en sus textos la grandeza del prohibido e impenetrable palacio imperial, las tres mil amantes/sirvientas del emperador, la muralla china y el deseo insaciable de aprender

61

los secretos de las artes marciales. Todas estas percepciones formadas en el mundo occidental de los países asiáticos llegaron a enaltecer una cultura exuberante y lejana, a veces misteriosa e incomprensible para los lectores que solamente vivían ese mundo fantasioso y exótico a través de su imaginación. Sin embargo, estas ambiguas curiosidades fascinaban a quienes las leían o las escuchaban, pero unos pocos entendían el verdadero significado y esplendor de dichas culturas.

Este capítulo analiza el discurso modernista de José Juan Tablada y Enrique Gómez Carrillo, escritores, corresponsales de noticias y sobre todo expertos viajeros por excelencia quienes fueron los primeros hispanoamericanos del siglo XIX en viajar al Japón después de la victoria del ejército japonés en la guerra ruso-japonesa.[45] Dichos intelectuales se dieron a la insólita tarea de transmitir en sus textos una nueva y más concisa perspectiva de las nociones socioculturales, artísticas y geográficas del país visitado. A pesar de la falta de experiencia directa y personal con el lenguaje, el panorama físico y cultural asiático, muchos de ellos establecieron en sus relatos una comparación y contraste del paisaje y espacio asiático percibido en el Japón con emblemas representativos de sus tierras de origen.

El cronista modernista empezó su travesía con una noción preexistente del Lejano Oriente, construida por medio de la lectura. Antes de realizar el viaje, éste lo experimentó imaginariamente en los cuentos y en algunas crónicas de José Martí, los textos de Rubén Darío, los sonetos de Julián del Casal, entre otros. Dichos escritores describieron el espacio físico y cultural asiático preconcebido por medio de la representación de objetos artesanales y de diseños extravagantes provenientes de China y Japón. Cuando llegaron al Japón, Tablada y Gómez Carrillo narraron poética y elegantemente la simplicidad del paisaje que presenciaban mientras paseaban por los distintos lugares turísticos y/o locales de Japón.[46] El paisaje natural y cultural por su lado más la vida cotidiana, los impresionantes templos religiosos y las elegantes casas de té sostuvieron el énfasis primordial en muchos de los temas y discursos de los cronistas que se hospedaron en el país.

Las imágenes y las perspectivas asociadas al exotismo oriental fueron descartadas en las crónicas y en los relatos de viajes de Tablada y Gómez Carrillo. Es decir, ellos no incluyeron sus previos conocimientos del Lejano Oriente en sus relatos. Las representaciones del espacio artístico, físico, natural y cultural asiático son mucho más realistas. El discurso formulado en estos nuevos textos responde a la necesidad de reformular las perspectivas de los que no viajaron ya que muchos de ellos solamente visualizaron e imaginaron lo que el Lejano Oriente era a través de las representaciones artísticas de los objetos artesanales y obras textuales. La representación del espacio japonés en las crónicas y los relatos de viaje de Tablada y Gómez Carrillo es en sí mismo una mezcolanza de los eventos históricos, socioeconómicos y culturales relacionados y concomitantes a sus estadías en el país. Este tipo de representación espacial está asociado con el espacio existencial o vivido por medio de asociaciones de símbolos e imágenes. En otras palabras, las experiencias cotidianas que transmitieron los cronistas estaban asociadas con las percepciones y con las representaciones del sujeto asiático, el esplendor natural del paisaje y los objetos orientales asociados a la cultura que se estaba describiendo, formando así parte del discurso espacial asociado al locus concreto representado en la crónica.

Relaciones socio-históricas y económicas entre el Lejano Oriente y el Occidente

Aunque Marco Polo ya lo comentó en sus relatos de viajes, los primeros europeos que llegaron a Japón a mediados del siglo XVI, fueron los portugueses y españoles. Jonathan Porter en *Macau, The Imaginary City* (2000) nos explica que, "China was the original goal of the first marines... The Portuguese reached the China coast by sea in 1513... settled permanently at Macau in 1557 [they] became the first continuously occupied European settlement in China" (xi). Este territorio le fue devuelto al gobierno y administración de la República Popular China en 1999, dos años después de que Hong Kong, territorio británico fuera reintegrado como una de las provincias chinas.

Durante el período que corresponde a los años entre 1543 y 1641, los portugueses y españoles establecieron relaciones comerciales y actividades de orientación misionera en Japón.[47] La evangelización del archipiélago no tuvo mucho éxito, pero lo comercial llegó a florecer por un breve periodo. Sin embargo, este primer encuentro suscitó numerosos escritos por parte de los comerciantes, viajeros, diplomáticos y misioneros españoles y portugueses, textos tamizados por una óptica limitada por las actividades desarrolladas por los mismos autores. Algunos de ellos describieron con gran detalle la cultura y la sociedad de aquel país.

En 1641, Japón cerró sus fronteras y prohibió la influencia de extranjeros en la isla. Consecuentemente, los portugueses pusieron sus esfuerzos colonizadores en Macao. El aislamiento fue impuesto por los shogunes de la dinastía Tokugawa; pero no todos los países fueron excluidos. Japón permitió que los holandeses y los chinos tuvieran una pequeña colonia comercial en la isla de Deshima, en Nagasaki. Para 1715 se eliminó la prohibición de la presencia de extranjeros en la isla y los japoneses concordaron que su país podía volver a establecer lazos y familiarizarse con la ciencia occidental. Por primera vez se aceptó la importación de libros extranjeros y traducciones chinas al Japón siempre y cuando no se hicieran referencias al cristianismo. También se fomentó el estudio del idioma holandés - la escuela Rangaku fue la encargada de impartir el conocimiento de la ciencia y la tecnología occidental al pueblo japonés.

La apertura de los puertos y la cultura japonesa a partir de la década de 1850 a los países occidentales, no sólo fue un hecho esencial para el comienzo de su modernización, sino que también significó el redescubrimiento cultural, político y socioeconómico de Japón para los propios japoneses ya que a partir de este hecho pudieron comparar y contrastar su cultura, tradiciones y costumbres con la occidental. Siguiendo los modelos de los países occidentales, Japón a mediados del siglo XIX comenzó su proceso de renovación tanto en las ciencias como en lo sociocultural. Estados Unidos, Francia, Gran Bretaña, Alemania e Italia establecieron relaciones políticas, diplomáticas, científico-tecnológicas, económicas y comerciales con Japón durante las eras Meiji (1868-1912), Taishō (1912-1926) y la primera parte de la era Shōwa (1926-1989) produciendo así numerosos intercambios culturales entre las naciones. Como resultado del impresionante desenvolvimiento socioeconómico y cultural, el Occidente descubrió en el archipiélago japonés un nuevo universo de formas y colores. Incluso, a través de las crónicas periodísticas de escritores y viajeros se desarrolló una fascinación por los grabados de ukiyo-e, las pinturas del mundo flotante, y otras expresiones artísticas asociadas a la cultura japonesa.

China por su lado, a través de la dinastía manchú sostuvo un sólido gobierno hasta finales del siglo XVIII. Sin embargo, el sistema administrativo y militar fue perdiendo vigor en las primeras décadas del XIX. A pesar de los cambios drásticos ocurridos en el Japón con la presencia e influencia occidental, los chinos estaban convencidos de que sus sistemas administrativos y socioeconómicos eran las plataformas para el éxito de las civilizaciones tanto occidentales como orientales. El imperio chino no experimentó el aislamiento como el japonés. Los chinos vivieron bajo un régimen de tratados desiguales que fueron impuestos por las potencias occidentales de aquel entonces; con esto nos referimos a Estados Unidos, Inglaterra y Francia. Los misioneros y los soldados de origen occidental no estaban ligados a los códigos de conducta del Imperio chino. No obstante, cuando la dinastía manchú comenzó a perder su poderío en China durante las décadas de 1830 a 1880, los países hispanoamericanos siguiendo los adelantos de la revolución industrial y el sistema liberal, muchos empezaron a adaptar y modificarse a los modelos europeos con el transcurso del tiempo.

Las relaciones socioeconómicas
entre México y Asia en el siglo XIX

Desde la perspectiva histórica y socioeconómica de los países hispanoamericanos, México fue uno de los primeros países de este lado del océano en establecer relaciones tanto comerciales como sociales con Japón. A finales del siglo XIX, el gobierno de Porfirio Díaz experimentó grandes avances en las relaciones entre México y Japón. María Elena Ota Mishima en México y Japón en el siglo XIX (1976) nos explica que "el porfiriato se distingue por su política de concentración del poder en busca de la estabilidad del país, iniciada con la República Restaurada, estabilidad que permitirá la negociación de tratados con países del continente americano, Europeo y Asia" (11). También comenta que "México firmaba, por primera vez, un tratado con un país asiático y era la primera nación de occidente que reconocía la soberanía del pueblo japonés al negociar un tratado en bases de absoluta igualdad" (21). Enrique Cortés contribuye al tema con un estudio sobre la relación entre los dos países. Japón abrió sus puertas oficialmente por primera vez a México después de firmar el Tratado de Amistad y Comercio en 1889. México bajo el Porfiriato consideró la mano de obra japonesa beneficiosa como parte del programa de modernización. Cortés nos lo explica de la siguiente manera:

> [el] tratado de Amistad y Comercio concluido entre México y
> Japón fue el heraldo de una nueva era en las relaciones entre los

dos países. [De esta manera en] 1903, la emigración japonesa a
México y Perú alcanzó proporciones significativas: más de 1,500
individuos. (51-69)[48]

En otras palabras, las relaciones diplomáticas y comerciales redujeron
la gran distancia que separaba a los dos países. Sin embargo, precedente
a este importante evento histórico-político y sobretodo comercial, el
imaginario artístico y cultural japonés en las creaciones artísticas ya
estaban presentes en poetas y escritores mexicanos como José Juan
Tablada, Efrén Rebolledo y Amado Nervo; todos influenciados por los
estilos artísticos franceses que florecieron junto a la época modernista
en Hispanoamérica.

José Juan Tablada y sus primeros hallazgos del mundo asiático

El 3 de abril de 1871 nace José Juan Tablada en la ciudad de México.
Tablada es miembro de una familia económicamente acomodada y
desde su infancia fue expuesto a distintas manifestaciones artísticas
y culturales. Su interés por el Lejano Oriente, el Japón en particular
también se desarrolló a muy temprana edad. En sus memorias, *La
feria de la vida* (1937) Tablada nos relata su travesía y sus aventuras
asociadas con aquel mundo imaginario, distante e imaginario: "[l]a
casa donde habitábamos[49] caía a Las Olas Altas, bellísimas playas llena
de rompientes cuyo estruendo me parece oír aún a través del tiempo y
la distancia, como el recóndito eco que guardan los caracoles marinos"
(25). En otro escrito de la misma publicación, Tablada nos explica que:
"Doña Concepción de Arlegui[50] hablaba de cosas exóticas y misteriosas
que exaltan mi imaginación infantil y decía nombres de lugares y de
cosas que se quedaban resonando en mi oído con el rumor inmenso de
los caracoles marinos…" (42). Los caracoles fueron el medio por el cual
la curiosidad de niño lo hicieron imaginar más allá del horizonte que se
disipaba a la gran distancia del mar. En otras ocasiones, eran los países
del otro lado del océano de donde provenían y regresaban las Naos.
Asimismo, Tablada desde muy joven sentía una enorme atracción hacia
los objetos provenientes de tierras distantes. Esa afinidad fue influida
por su tío Pancho quién le contagió "el interés hacia los animales que
más tarde había de desarrollarse en mí, manifestándose al principio azás
negativamente, convirtiéndome en entomólogo y haciéndome matar

para estudiarlos" (73). Para completar la increíble formación educacional que alimentaba la imaginación del futuro escritor y poeta, Tablada conoció y compartió la literatura junto al poeta Manuel M. Flores. El poeta nos la cuenta en las siguientes oraciones:

> Este niño seguirá sobre la tierra tus huellas dolorosas y sufrirá tanto o más que tú, pues le tocará vivir en una época ingrata, de total eclipse espiritual, porque como tú se dará cuenta demasiado tarde del sarcasmo de ser poeta en un medio adverso y hostil. (57-58)

Manuel Flores presenció en el futuro poeta muchas ansias por explorar y describir lo desconocido. La etapa inicial de Tablada estuvo asociada a los estilos y técnicas de los escritores europeos orientalistas proveniente de Francia. Es por esta razón que su temprana poesía se hacía eco de los elementos pertenecientes al "exotismo" de aquella época. Veamos el siguiente poema:

JAPÓN

> De tus princesas y tus señores
> Pasa el cortejo dorado y rico,
> Y en ese canto de mil colores
> Es una estrofa cada abanico.
> (*El florilegio* 231-33)[51]

Este es uno de los ejemplos que forma parte del libro titulado *El florilegio* (1899). Aquí podemos ver las características esenciales de los poemas de su etapa inicial. El poema tiene una rima perfecta y la mayoría de los versos están compuestos de décimas. Las imágenes que nos ofrece del Japón son elegantes, poéticas y artificialmente moldeadas al imaginario Occidental – pagodas, Fujiyama, Mikado, princesas, opio, abanicos, etc. En otras palabras, lo que Tablada le ofrece al lector es una lista de emblemas ya registrados en el vocabulario del lector que no ha viajado. Además la anteriormente mencionada lista no muestra ningún tipo de desarrollo ni profundización del aprendizaje artístico por parte del poeta que lo separe de sus antecesores modernistas. El tono del poema es superficial, el asombro hacia lo desconocido, aunque artísticamente elegante no se transmite al lector. Lo que sí se expresa es la noción conceptualizada del poeta. Es decir que todos los componentes que expresan la otredad, lo exótico y lo elegante sobre el Japón están sobre-enfatizados.

La diferencia entre los escritores-cronistas que no viajaron al Lejano Oriente y Tablada, tal vez sea que este último entiende y acepta que la mejor manera de describir el paisaje físico y cultural del Japón, además de la cultura del país a sus lectores por medio de la experiencia directa de verla y vivirla con sus propios ojos primero, para luego transmitírsela al lector desde el lugar en el cual lo percibe. Este deseo de realizar un viaje al Lejano Oriente para profundizar y reflexionar sobre sus conocimientos del Japón fue concretado cuando Jesús Luján le ofreció el capital monetario necesario para el viaje.[52] Rubén Campo en sus escritos semanales para el periódico *La Patria*, en una crónica casi poética, expresa una serie de buenos deseos y augurios relacionados con la inminencia del primer viaje al Japón del autor:

> El poeta realiza su sueño de toda una juventud... ¡Ve artista! ¡Ve, escogido! ... Estudia y fructifica... cuando contemples arrobado flotar en un mar de oro el témpano de nieve del Fujiyama, sueña en el lejano augusto Citlaltépetl. (Tablada 4: 24-5)

Este tipo de acercamiento y de interpretación sociocultural surge como una nueva posibilidad para el lector que no ha viajado, un perfil visual más desarrollado y concreto del mundo oriental que estaba indagando. La crítica ha comentado que el viaje de Tablada al Japón no fue del todo satisfactorio porque contrajo una inmensa nostalgia por su querido México. No obstante, esta experiencia le brindará frutos de mucha importancia en su tercera etapa poética.[53]

Las experiencias socio-culturales y artísticas de José Juan Tablada en Japón

Las experiencias de su viaje al Japón se publicaron en Nueva York con el título de *En el país del sol* en 1919.[54] Este libro recoge las reflexiones y experiencias de su breve estadía. Sin embargo, antes de la publicación del libro, dichas reflexiones fueron publicadas en la *Revista Moderna*, a la cual enviaba artículos y comentarios tantos artísticos como culturales mensualmente para deleitar el apetito de su público por lo desconocido y fascinante del Japón.

Tablada comienza las descripciones del viaje con su traslado de México a San Francisco para luego arribar al puerto de Yokohama. Desde las primeras páginas se presencia una impresionante descripción detallada y llena de colores locales de la ciudad de San Francisco y su impresionante puerto en 1900. Al llegar a Japón, el poeta se instala en el Barrio Chino de Yokohama. La arquitectura y estructura de este barrio no es parte de lo tradicional japonés, pero desde allí emprende su recorrido en búsqueda de la cultura japonesa de la ciudad.

Tokio – la metrópolis del Lejano Oriente

El viaje que realiza con el *kuruma* por la calle de *Tokaido* para llegar a Tokio, le despierta una variedad de emociones. Consecuentemente, Tablada le dedica un buen número de páginas describiendo la estilizada armonía que existía entre la belleza natural y artificial que sus ojos percibían. Además, en los artículos que relataban su travesía por las calles de Tokio nos revela las diferentes expresiones culturales del pueblo japonés: el palacio imperial, el *Matsuri*,[55] el sumo, la ceremonia de té y algunas pinturas originales de *Hokusai*. Asimismo, en un principio a pesar del contacto directo que experimentaba, Tablada nos ofrecía una interpretación del Japón mediatizada por la mentalidad occidental. Eso tal vez tenga dos propósitos: por un lado, porque le era imposible poder desprenderse de sus imágenes preconcebidas, y por el otro, porque necesitaba adaptar su experiencia a un público occidental. También observamos que intenta educar al lector en general por medio del ejemplo, así como lo hiciera Cristóbal Colón con sus relatos de viaje. Es por eso que le explica al lector la introducción y práctica de la estética japonesa en Francia divulgada por los hermanos Goncourt.

En su viaje al Japón, Tablada se sorprende ante la armonía artística que existía entre el arte, la belleza y la sociedad tradicional japonesa en general. Laurence Rogers en *Tokyo Stories: A Literary Stroll* (2002) nos describe la imponente ciudad de la siguiente manera: "Tokyo is one of the most fascinating cities in the World, and one of the most rewarding for the visitor, though doubtless most newcomers are not immediately aware of its bounty" (XV). El poeta nos lo describe en sus propias palabras *En el país del sol* de la siguiente manera: "¡Pero aquí no hay que buscar al arte ni a la belleza, porque lo bello, o artístico tiene el don de omnipresencia y forman atmósfera en todas partes!," agregando que "[e]n veinte horas de vida japonesa he almacenado sensaciones de arte que para ser aquí relatadas y depuradas necesitaríase otros tantos meses de labor benedictina" (16-17). Más adelante nos comenta que:

> ¡Aquello no es el escenario de la bárbara vida pastoril... es un paraíso que ha brotado del seno de la Naturaleza al conjuro del Arte humano! Artificial... pero tan sabio artificio... no sólo no ha sido violada, sino que ha sido ayudada para producir sus bellezas por un sentimiento que la venera. (33-34)

Son de evidente importancia estas descripciones ya que no sólo nos ofrece el asombro que el paisaje natural japonés despierta en Tablada, sino que hace una reflexión artística entre el arte, lo artificial y lo natural, uniendo estos elementos en una armonía irrompible. En la tercera cita, Tablada le transmite al lector su apreciación del espacio percibido – un jardín artificialmente construido que embellece y compagina el paisaje natural y salvaje de sus alrededores (*En el país del sol* 33-34). También realiza una observación hacia la "bárbara vida pastoril" que se interpreta como una "simplicidad salvaje" que convive armónicamente entre el ser humano y el mundo natural que lo rodea. La incorporación del jardín al escenario natural enaltece la estética artística produciendo el "sentimiento que la venera" (33-34). "Landscape mediates the cultural and the natural... It is not a natural scene, and not just of representation of a natural scene, but a natural representation of a natural scene" (15), según W. J. T. Mitchell. En otras palabras, el jardín es una creación de meditación en conjunto con el paisaje natural. La mayoría de ellos representan el universo y todos son concebidos para inspirar vitalidad y serenidad creando así una percepción privilegiada y única del espacio japonés.

Además de transmitirnos la belleza y la delicadeza del paisaje japonés, Tablada nos describe "el interior" como elemento privilegiado por el discurso modernista. Gerard Aching en *The politics of Spanish American Modernism: By Exquisite Design* (1997) explica que dicho espacio es el "locus amoenus [. . .] where nature and the writing subject's self-awareness are naturally and inextrically constituted through a symbolic language" (28). Este tipo de espacio fue considerado por muchos escritores de esta época como un lugar de refugio adonde el escritor podía escaparse del mundo materialista en el cual vivía y escribía sus textos. La experiencia de Tablada en ese jardín a través de la observación le permitió comparar, pero antes que nada, crear una nueva poesía en donde el ambiente físico, real e inhabitado es adoptado a las tendencias e inspiraciones artísticas de quienes quieran desarrollar su percepción del espacio artístico japonés. Más notorio aun, Tablada construyó una imagen serena y visualmente representativa del espacio japonés conceptualizado sin elementos preciosistas que ayudaron a influir en las futuras descripciones de otros viajeros-cronistas que viajarían a otros países asiáticos.

En *Tokio al correr del kuruma*, José Juan Tablada nos describe el magnífico e imponente paisaje natural que rodeaba la casa de té desde la terraza. Su descripción comienza con la fugacidad del día, "[s]on las cuatro de la tarde, pero la luz de un día nublado descendiendo desde las frondas de las gigantes criptomerías finge un crepúsculo verde y azulado, como si en la atmósfera flotara un polvo finísimo de esmeraldas y turquesas" (27-28). Las imágenes descritas en está crónica son una replica artística del paisaje natural reflejado en las tranquilas aguas del lago. El espacio natural percibido no se encuentra lleno de imágenes que simplemente le comunican al lector lo exótico del Japón, sino que recalca la exuberante belleza, la tranquilidad y el silencio del mismo cuando nos dice que, "[es] un rumor incesante, la propia voz de los jardines, de los campos y de las selvas japonesas, ese canto de grillos y cigarras que adormece [y] marean. . . Si alguna vez he tenido que sostener en mí mismo la lucha a muerte de la imaginación y de la voluntad, de los anhelos y de los deberes, ha sido esta vez" (29).

Tablada finalmente llega a la conclusión y acepta que está en Japón. La belleza natural, arquitectónica y cultural más la increíble armonía que existe entre ellos le hace meditar sobre su rol y la función que tiene que realizar en el país que tanto ha soñado en visitar. Él mismo nos explica su papel de periodista y poeta cuando nos comenta que, "[a]prisionar a todas las irisadas libélulas del ensueño y poner fin a sus etéreas rondas para clavarlas agonizantes sobre el papel [. . .] Eso es casi criminal como lo sería cortar esas flores de loto para aprovechar sus virtudes farmacéuticas" (29-30). Más adelante en la misma terraza de té Tablada se encuentra nostálgico y nos comunica sus íntimos pensamientos, "[e] staba también soñando con mi amada. Los lotos blancos me recordaban el casto albor de su frente y la negra palidez de sus manos... el loto rojo me traía a la memoria lo escarlata de sus labios juveniles y el relámpago de sus sonrojos, y los hondos reflejos de las verdes hojas oscuras eran para mí los destellos apasionados de sus ojos de esmeralda" (30). Como podemos apreciar, Tablada establece una comparación entre los bellos colores y las diferentes formas que desplegaban los lotos y los rasgos característicos de su amada que lo esperaba en México. Sin embargo, tras ese derivar melancólico, es aquí en la casa de té donde Tablada entiende el sacrificio que su trabajo periodístico le impone y rápidamente admite que "el deber se impone inexorable... Y he aquí las impresiones de un viaje a Tokio" (31).[56]

En otra crónica El *Djinrichi* nos comenta de un vehículo rústico, muy tradicional en Japón, tirado por hombres, que se encontraba en todas partes y transportaba a las personas a cualquier lugar de la ciudad por una cierta cantidad de dinero.[57] Dicho vehículo de transporte para los viajeros occidentales que visitaban el Japón era un objeto de curiosidad y admiración. Tablada, sin ser la excepción, nos los describe así: "¡*Kurumaya* breve cochecillo de hada! ¡Eres negro como las góndolas, resbalas como un trineo, y a veces, cuando voy sobre ti y saltas raudo y elástico, me figuro que cabalgo muellemente sobre el lomo de un avestruz!" (18)... [El] *Djinrichi* con sus negras ruedas delgadas y su negro asiento, parece una gran tarántula cuando se inmoviliza en el claro, bañado por la luna, de un negro bosque de bambúes" (18-9). En la primera línea de esta crónica, Tablada nos describe la elongada forma del coche y lo asocia con las góndolas italianas para que sus lectores visualicen la forma física del vehículo, así como las sensaciones y emociones que sentía. Sin embargo, a pesar de la gran admiración despertada por el *Kurumaya*, el conductor no pasó desapercibo por Tablada quien trasladó su atención literaria hacia él mismo. El *Kurumaya* era jalado por un "Hércules bronceado" (18) que corría a una velocidad constante y le brindaba al pasajero la sensación de estar cabalgando un potro negro cuyo control estaba fuera de sus habilidades. Al no tener que conducir, esta libertad le permitía al pasajero disfrutar del paisaje natural, cultural y arquitectónico de la ciudad.

Además de difundir el conocimiento del elegante y perfecto paisaje natural japonés, Tablada captura el interés de su lector con descripciones de imágenes audiovisuales que él percibía a su alrededor. Veamos un ejemplo:

En el asfalto… como el ruidoso repique de miles de castañuelas, suenan los zapatos de madera… Van y vienen con exagerado apresuramiento grupos de musmés luciendo trajes brillantes y peinados de ceremonia llenos de flores, de cordones de seda, de alfileres de plata y de marfil. (31)

En esta escena Tablada compara y contrasta la forma de ser del mundo japonés tradicional – rústico y sobre todo muy colorido y animadamente extravagante con el occidental – moderno, sofisticado y unicolor.

Tablada también describe los importantes cambios innovadores desarrollados por la sociedad japonesa tras la reapertura de sus puertas al mundo occidental después de mantenerlas cerradas por 300 años. En la crónica anteriormente mencionada, él nos describe con mucho asombro el nuevo y mejorado sistema de transportación que ayudó a modernizar y movilizar la sociedad japonesa de esta manera: "el ferrocarril es pequeñísimo y cada carro la quinta parte de uno de los nuestros; diríase que el japonés con su arte ingénito ha querido, disminuyendo su tamaño, disimular la fealdad de ese vehículo del progreso. La locomotora suena su silbato, como de juguete también, y el tren se lanza alcanzando pronto los arrabales extramuros de Yokohama" (31-32). Tablada visitaba a distintos lugares cerca de su residencia en el *kuruyama*, y utilizaba el tren para emprender los viajes fuera de la ciudad y a otros pueblos a los que el carruaje no podía llegar. Durante sus viajes en tren, Tablada parecía inquietarse y manifestar sus deseos de conocer más profundamente al pueblo y la cultura japonesa y "a cada instante quisiera uno bajar del tren para extasiarse en la larga contemplación de aquellos feéricos y paradisíacos lugares. Qué deliciosos retiros para una vida de amor o para una existencia de arte esas grutas de verdor fragante, esas casas de madera blanca y olorosa" (33).

Tablada no sólo resalta el asombro y la admiración que siente ante el paisaje natural japonés, sino que también reflexiona sobre la relación que el artista y el arquitecto japonés estableció entre la naturaleza, el arte y lo artificialmente transmitido. El cronista-viajero ve a través del paisaje natural una construcción artística que junto con la misma naturaleza crea un espacio artístico-artificial superior a la imagen natural. Es decir que aunque la naturaleza hubiera sido retocada por el ser humano, lo más destacable del caso es la belleza emocional que transmite porque le permite al poeta la creación de su propia obra. Además de la inspiración poética que el escenario japonés le ofreciera a Tablada, él encontró en Japón un proceso de modernización que aunque diferente, tenía puntos de contacto con el que se experimentaba en los países hispanoamericanos. La modernización de Japón empezó en 1868 con la era Meiji. Dicho periodo produjo 'el abandono de la política de aislamiento internacional impuesta en la era Tokugawa" (403) según Vicente David Almazán Tomás. En Latinoamérica, el proceso de modernización comienza después de haberse alcanzado la independencia de la mayoría de los países, pero sobre todo en el último cuarto de siglo. En 1882 José Martí escribió sobre la industrialización y la occidentalización del Japón en que sus hombres tuvieron una participación muy activa:

> El Japón... no teme a la civilización caucásica, y envía a sus hombres de estado a aprender las lenguas extranjeras, y los hábitos de gobierno, cultivos e industrias... no elige un solo país... sino [varios y] se lleven las artes del espíritu de Francia y... las artes de la siembra... de los [EE.UU]. (23: 187)

Las representaciones negativas de la mujer china en Japón

Pero no todo lo escrito por Tablada es admiración y veneración hacia la cultura japonesa, y en un esfuerzo por agregarle un toque realista a su obra, nos describe uno de los vicios y costumbres negativos que la cultura china introdujo al Japón: el opio.[58] En una breve escena de "Bacanal China" nos relata la adicción y el acto desagradable de los residentes chinos fumadores de opio de la siguiente manera: "[a]llá en los obscuros desvanes, en los hediondos topancos, quedó la pipa atascada de opio y la asquerosa hembra china que cuando se levanta de su tálamo, vacila, intenta clavar en la estera las púas de sus piés atrofiados, pies de cabra o de faunesa" (23). Tablada ofrece un comentario misógino y crudamente crítico sobre la conducta y la actitud no sólo de la mujer china, sino que por extensión la de una fracción de la población china en Japón. Usa adjetivos que degeneran a la mujer china como "asquerosa hembra china"; – términos que se asocian a la clasificación y descripción de animales, "sus pies atrofiados, pies de cabra o de faunesa," sobre una parte de la anatomía que en la cultura japonesa es sinónimo de delicadeza. Dichas descripciones eliminan la finura y la delicadeza de la mujer china cuando ésta lleva en su sangre el gran mal del opio.

Asimismo Atsuko Tanabe en *El japonismo de José Juan Tablada* (1981) nos explica que "el opio, palabra que Tablada usa frecuentemente [. . .] estaba de hecho severamente prohibido, tanto por el gobierno shogun – antes de la Restauración (1868), como por el gobierno de Meidyi. Por consiguiente, en la época para Tablada – época feudal – el uso del opio estaba penado con la muerte, pues el gobierno shogunal temía que ocurriera lo mismo que había pasado en la China, cuyo resultado fue la Guerra de Opio" (35).

Otro escritor que notó y escribió en sus textos sobre los efectos negativos del opio y las personas que lo propagaron fue José Martí. Martí en sus *Escenas norteamericanas* describe al opio como un vicio malo y destructivo hacia la comunidad china de Nueva York.[59] Para ilustrar y a la misma vez envilecer lo destructivo del opio en la comunidad china, Martí escribe, "se sabe que dan dulces de opio a los niños, que al cabo gustan de ellos, y que van a pedirlos, hasta que caen como flores en fango, en torno de una pipa que nunca se apaga; sobre la tarima del tétrico garito" (12: 411). Como consecuencia de estos actos inescrupulosos cometidos hacia los niños, muchos fueron abusados, en particular las niñas que caían en crueles manos notando también que "allá trae de la mano a una niña de 13 años, que sale temblando, lívida y trémula, de una cueva de chinos" (12: 412). Aquí Martí se refiere al establecimiento ilegal – de fumaderos de opio escondidos detrás de los negocios y las tiendas legítimas. Estos fumaderos se desdoblan en lupanares.[60] Tanto José Martí como José Juan Tablada les trasmiten a sus lectores una imagen muy similar y fiel del lugar en el cual se encontraban localizados estos fumaderos. Al mismo tiempo ambos entienden, y hasta cierto punto, advierten a su lector de las nefastas consecuencias que el opio causa a aquellos que lo fuman.[61]

La sofisticación de la mujer japonesa

En la descripción que nos presenta Tablada, éste compara las cualidades y características de la mujer china con la japonesa, especialmente a la geisha. Jorge Ruedas de la Serna en "De la geisha a la mujer hierro o la crítica en la edición de textos" nos explica que la representación de la geisha "expresa todo el misterio de una cultura que se retrata con los matices más delicados y sensibles, pero que detrás de sus velos, de sus kimonos o kakemonos, oculta misteriosas profundidades guerreras y religiosas" (121). Estas características decorativas de los kimonos o kakemonos se presencian en las representaciones artísticas que se presentan junto a la delicada, exótica y sofisticada imagen de la mujer japonesa, que intriga e incita al artista hispanoamericano a acercarse y develar lo que ante él se presenta como un misterio.

Tablada con más tiempo de residencia en Japón escribe "La mujer japonesa" y nos comenta detalladamente las buenas cualidades que poseen las mujeres japonesas. El parece asumir que todas, incluyendo la geisha, tienen las mismas cualidades para ser una buena y sofisticada amiga, compañera y esposa. Éste contemplando una imagen preconcebida, describe a la mujer japonesa como "frágil y delicada mujer con la eterna sonrisa de su ritual de amor" (136). Por eso Tablada nos dice que "habrá de verla en las ocupaciones domésticas, preparando el té junto al breve brasero, el *jibashi*, haciendo bruñir el casco de ébano de su cabellera corvina, frente, al tocador de muñecas, o quemado en un pebetero de *kutani* el *kozen*, el aromado incienso bajo el altar de los *kamis*" (136). Lo provocador de esta imagen conceptualizada de Tablada es que él mismo no nos aclara si la descripción pertenece a la geisha o a la típica mujer japonesa. Ahora, podemos observar que se acerca más al rol tradicional que la geisha tuvo desde el siglo XVI hasta finales del siglo XIX. Lensey Namioka en *Japan, A Traveler's Companion* (1979) nos explica que las geishas "[are] trained to entertain at a party of male guests" (41), y que una de sus funciones principales en algunas de las casas de té (no todas) es "to make her male guests forget they are important executive or government big shots, and make then act like little boys again [. . .] playing children's games" (111).

Tablada a través de estos relatos nos hace reflexionar sobre uno de los verdaderos roles tradicionales de la mujer japonesa al presentarnos algunos de los oficios domésticos esenciales para las mujeres japonesas, tanto el de la geisha como el de madre y ama de casa. En otras palabras, Tablada desmitifica la imagen previamente concebida en los lienzos de la belleza y exquisitez de la mujer oriental, en especial a la japonesa y la china descrita en los poemas de Julián del Casal y Rubén Darío quienes a través de un retrato y un trozo de porcelana transmitieron las virtudes más sobresalientes de las mujeres asiáticas. Tina Escaja nos explica que "la sexualización del enunciado poético en función del cuerpo de la mujer participa de una larga tradición misógina que reduce a la mujer a un papel de muda intermediaria" (61). Y, como tal, Ruedas de la Serna comenta que "la imagen [concebida] de la geisha [de los escritores que no viajaron al Japón u otras regiones del Lejano Oriente proviene de un] motivo estético, que responde a los paradigmas creados bajo las tendencias del Modernismo hispanoamericano. [Es decir, la conceptualización de] la mujer japonesa se convirtió en la esencia metonímica del Japón" (121). La geisha llegó a ser la representación exacta de "la primmadona [que] es una transacción entre una mujer artificial, la que interpreta la pasión mediante un abanico de técnicas adquiridas y las mujer natural" (119) según María Moreno. Las descripciones de la mujer oriental, en especial la de María Cay vestida con un kakemono no se nos presenta con carne y hueso sino como un objeto en forma de retrato que posee una belleza exuberante y exótica en la que sólo es permitido poseer y admirar.

José Juan Tablada viaja al Japón con imágenes preconcebidas a través de la lectura. Durante su breve estadía explora muchos aspectos socioeconómicos y culturales de la sociedad japonesa de fines de siglo. La mayoría de sus escritos fueron publicados en los periódicos de la época. Muchas de las crónicas confirmaron la belleza estética y el exotismo de las imágenes artísticas y culturales transmitidas en los objetos artesanales. Otras reflejaron los eventos cotidianos y algunas describieron la perspectiva no tan positiva del pueblo japonés. En general, los escritos de Tablada presentan una mediación más real tanto del espacio físico-cultural como del artístico de la cultura japonesa.

Enrique Gómez Carrillo: el futuro viajero errante

Enrique Gómez Carrillo nace en la ciudad de Guatemala el 27 de febrero de 1873. Estudia en Madrid y al culminar sus estudios se traslada a París donde inicia su carrera como redactor del *Diccionario Enciclopédico de Garnier*. Gómez Carrillo es un gran admirador de Francia y en sus escritos transmitió las tendencias modernistas de aquella época. También tuvo el honor de ser corresponsal de noticias para los periódicos de *La Nación* de Buenos Aires, del *Diario de la Marina de Cuba*, del *A B C* y *El Imparcial* de Madrid, del cual fue director desde 1916 a 1917. Gómez Carrillo muere en París el 29 de noviembre de 1927.

Gómez Carrillo viaja al Japón en 1905 a bordo del "Sydney" desde Marsella haciendo escala en Port Said, Colombo, Singapur, Shangai, Saigón y Hong Kong para arribar finalmente a Japón. Edelberto Torres nos explica la trayectoria de Gómez Carrillo así:

Llegó a Ceilán (ahora Sri Lanka) y desembarcó en Colombo...
El cronista que viajaba en el Sydney... iba también documentado
por los sabios y por los cronistas antecesores, como Pierre Loti;
para abreviar y dar más eficacia a sus observaciones. (180)

Tras esta larga y extenuante travesía, la casa editorial parisiense
Garnier Hermanos publica en 1906 su libro *De Marsella a Tokio.*
Sensaciones de Egipto, la India, la China y el Japón y varios meses después
publican *El Japón heroico y galante* "obra que es un arreglo hecho con los
materiales *De Marsella a Tokio* y *El alma japonesa* editada en París, por
la misma casa editorial en 1906" (Torres 284).

Todos los relatos de viaje sobre los países y ciudades orientales
previamente mencionadas contienen descripciones fascinantes. Sin
embargo, los relatos dedicados al Japón fueron los que capturaron la
atención y el interés de los lectores occidentales debido a la extravagancia
y el exotismo con el cual "el país del sol naciente" fue representado.
Además durante los primeros años del siglo XX, Japón salió victorioso
de la guerra con Rusia y dicho evento fue dado a conocer en todos los
rincones del mundo, aumentando así más los deseos de satisfacer la
curiosidad por saber del pequeño país que venció a otro diez veces su
tamaño en territorio y población.[62]

El periódico *La Nación* de Buenos Aires provee los fondos para
que Gómez Carrillo viajara al Japón. En una carta enviada a Miguel
de Unamuno escrita antes del viaje en dirección a París escribe, "[c]
uando aparezca mi *alma japonesa*, si dice V. algo de ella en *La Nación*
se lo agradeceré. V. sabe que *La Nación* fue la que me mandó al Japón
y quiero que allí vean que mi viaje tiene importancia" (Torres 187-88).
La meta del viaje era informar al lector de América Latina por medio
de *El Imparcial* y *La Nación* sobre Japón como vencedor del conflicto
armado que le enfrentó a Rusia y las consecuencias de este triunfo que
tanto había impresionado a Occidente (Torres 187-88).[63]

Las reflexiones presentadas en las crónicas del escritor y corresponsal
de noticias en *El alma japonesa* (1906) es el resultado de un contradiscurso
hacia la (de)representación dialógica y espacial sobre las suposiciones de
la cultura asiática, en especial la japonesa. Gómez Carrillo también
reflexiona sobre las contemplaciones superficiales y extravagantes de
Pierre Loti y las narraciones cargadas de intenciones económicas y
políticas que Ruyard Kipling asoció con la India. Nuestro autor empieza

su travesía con una noción preexistente de Asia, construida por medio de la lectura. Este al igual que los otros conoció París y el Lejano Oriente en la poesía de Julián del Casal, en los escritos de José Martí y en los textos de Rubén Darío, como lo exótico y codiciado cuya conceptualización del espacio físico dentro del viaje a Asia es reconstruido a través de las descripciones e imágenes europeas e hispanoamericanas. Edward Said comenta que el "Oriente era casi una invención europea" (*Orientalismo* 19). Siguiendo este argumento, el Lejano Oriente, existe literariamente debido a las narraciones de escritores como Pierre Lotti y Ruyard Kipling. Estos quisieron promover lo exótico, lo desconocido y lo lejano, y lograron avivar la imaginación de sus interesados lectores, entre ellos la élite cultural hispanoamericana. Beatriz Colombi en "La crónica y el viaje: Enrique Gómez Carrillo", explica que el discurso de Gómez Carrillo "recorre su espacio con mirada crítica de todas las visiones europeas u orientales" (190). Siguiendo esta línea de argumento, Juan M. Mendoza explica que los viajes de Enrique Gómez Carrillo

> lo pusieron en contacto con los hombres de distintas nacionalidades, dejando en su espíritu las impresiones psicológicas y sociológicas propias de los pueblos que visitó. De este modo pudo darle una buena interpretación a la historia [y] conocer las distintas literaturas. (200)

Debido a su concreta y directa experiencia con Japón, las narraciones y las descripciones detalladas de los palacios y los templos tanto imperiales como públicos, minuciosos relatos sobre la vida cotidiana y el paisaje natural no son descripciones superficiales, sino que están llenas de vida y color local, armonizadas y apoyadas por la riqueza de sus conocimientos previos de la cultura japonesa. Estas ofrecen así un profundo reconocimiento de los eventos ocurridos y no tan sólo una construcción ficticia e imaginaria apoyada en imágenes representativas de las obras artísticas como artefactos artesanales y de arte como la de aquellos cronistas intelectuales que construyeron una perspectiva idealizada del Lejano Oriente sin haber hecho el viaje.

A Enrique Gómez Carrillo se le conoció desde muy temprano en su carrera como el incansable viajero-cronista que viajó a muchos países del Lejano Oriente. El fruto del viaje son las detalladas crónicas en donde describe las ciudades, la literatura, el arte y la mujer oriental de los países que visitó. Él no solamente escribió sobre la esplendida belleza y los exotismos de las distintas regiones, sino que también incorporó en su discurso la perspectiva sociocultural para enfatizar y ampliar las previas visiones de los primeros escritores europeos e hispanoamericanos que concibieron las imágenes del Lejano Oriente.

Todo viaje, ya sea intelectual o físico, según Monteleone, debe "combinar de modo acuciante la experiencia del cuerpo y la experiencia del tiempo, y su relato debe proporcionar los modos de representación" (14). Manteniendo el mismo argumento, Colombi explica que "la representación de Carrillo [se encuentra] lejos de reducir, codificar, delimitar su sujeto, [por lo tanto] lo expande y traduce en un nuevo canon lingüístico que construye la crónica de viaje, que es también portadora de una nueva sensibilidad" (191). La sensibilidad de captar nuevas imágenes y eventos socioculturales es lo que le permite a Gómez Carrillo mezclar y al mismo tiempo intercambiar la belleza superficial preconcebida de sus lecturas anteriores al viaje con la realidad física y cultural presentada, es decir, la unión del espacio concebido más el espacio temporalmente vivido y experimentado, ayudan a crear un lugar visual, armónico y culturalmente balanceado en sus textos.

Cuando Gómez Carrillo tuvo la oportunidad de viajar a Japón, no la desperdició. Esto le dio la oportunidad de experimentar y vivir las imágenes de sus textos leídos. A la misma vez, debido a su aventajada posición como conocedor de las dos culturas, pudo ahondar y desarrollar imágenes y descripciones culturales que los otros cronistas no presentaron en sus crónicas, ya que la mayoría de los escritores europeos, leídos por la elite latinoamericana, describieron la fascinante imagen cautivadora y hechizante de Japón y de ciudades del Lejano Oriente. En otras palabras, Gómez Carrillo fue testigo de una construcción del espacio textual antes de que tuviera la oportunidad de visitarlo.

Enrique Gómez Arboleya en *Breve meditación sobre el viaje* comenta que "el diario del viajero nos ofrece las costumbres, usos o ritos desde el punto de vista del espectador" (42). Gómez Carrillo, en sus crónicas promovió el fervor para los viajeros cronistas a establecer y mantener un diálogo multicultural entre los lectores hispanoamericanos y probablemente japoneses. Para los japoneses, las descripciones hechas por los cronistas proveniente de occidente eran tan solo el detalle de la vida cotidiana que no tiene absolutamente nada fuera de lo normal; pero para el lector latinoamericano que lo presencia por primera vez, ese estilo de vida, vestimenta, costumbres y tradiciones japonesas, le producen curiosidad intelectual y cultural. Gómez Carrillo parece entender que debe destacar con precisión los detalles, por considerarlos indispensables para la recreación por parte de su lector occidental que solamente preconcibió el espacio oriental a través de representaciones pictóricas y posiblemente extravagantes, provenientes de las descripciones de viajeros europeos.

Las mediaciones de la cultura japonesa

En su estadía en Japón, Gómez Carrillo al igual que José Juan Tablada fue testigo y al mismo tiempo creador de una construcción visual y textual del espacio japonés. Es decir que el espacio japonés y/u oriental ha sido preconcebido e hipotéticamente vivido y visualizado por los lectores y escritores hispanoamericanos a través de las representaciones artísticas de la vida cotidiana, de los espacios físicos y naturales como de la flora y fauna y de las glorietas pintadas en floreros, vasijas y abanicos entre otros artefactos decorativos importados de China y Japón, entre otros países orientales. Dichos objetos, para la mayoría de los escritores y poetas hispanoamericanos fueron la fuente de inspiración para las imágenes que construyeron en sus escritos.

El vocabulario en los relatos de viaje de Gómez Carrillo está cuidadosamente seleccionado. Al mismo tiempo establece descripciones e imágenes que contienen conexiones con Europa e Hispanoamérica comparando y contrastando frases, imágenes y símbolos físicos y culturales que se vinculan con el registro del lector hispanoamericano para crear cierta familiarización en la lectura. Las descripciones de los espacios físicos y culturales como "Los jardines," "El carácter caballeresco," "El espíritu de sacrificio," y "la miseria" presentan una perfecta claridad y conocimiento de los eventos a describir. [64] Los detalles más mínimos son incluidos para complementar y ampliar una verdadera imagen e interpretación del Japón que los previos viajeros-cronistas europeos no habían establecido en sus escritos.

El encuentro cultural que nuestro autor trata de comunicar en su texto de viaje es presentar una alternativa que abra paso al entrecruce de barreras y fronteras establecidas entre Japón e Hispanoamérica. Los aspectos socioculturales y artísticos son empleados para enriquecer la perspectiva de captar las imágenes japonesas y transmitir las interpretaciones culturales del país descrito desde un punto de vista hispanoamericano, creando de esta manera un sentido de familiarización. Es decir que el viajero-cronista usa emblemas referenciales europeos (para los conocedores) e hispanoamericanos (para aquellos que no han viajado) para que el lector pueda comprender y visualizar más concretamente al leer el discurso. Anatole France argumenta que el buen crítico, o sea el viajero-cronista con experiencia, debe saber contar "las aventuras de su alma en medio de las obras maestras" (185) y Colombi por su lado apoya este argumento y nos comenta que "Gómez Carrillo dispuso de esta preceptiva de la subjetividad [ya que] combina la actitud impresionista con una curiosidad bibliográfica desbordante, que se manifiesta en su constante confrontar de impresiones personales con textos, documentos y representaciones del objeto contemplado" (185-86).

Las ciudades y los jardines japoneses

Las dos ciudades en las cuales Gómez Carrillo reconstruye el espacio mágico del fruto de sus lecturas y las descripciones pintorescas del pueblo japonés son Tokio y Kyoto. Las imágenes concebidas pueden visualizarse de la siguiente forma:

> … en el Japón los paisajes son más bien poemas que cuadros!... Todo habla el alma, todo evoca visiones ideales. En las lejanías, los seres que pasan noblemente, lentamente, envueltos en sus kimonos flotantes, … Los techos del templo, armónicos y magníficos, con sus filigranas de oro en fondo de laca roja... (*En el Japón, De Marsella a Tokio... 266*)

Las impresiones que nos transmite Gómez Carrillo reflejan un pasado histórico y artísticamente elegante en las casas y los jardines japoneses que se mantienen vivos hasta hoy en día. Los jardines japoneses ocupan un lugar privilegiado en la cultura japonesa. La filosofía de estos jardines tiene que ver con el estrecho vínculo del pueblo japonés con la naturaleza, el cual ha sido formado a lo largo de la historia y es reflejado en el vivir diario. Un ejemplo de esto es el cambio de las estaciones. El japonés cambia las pinturas, la vajilla, el tipo de vestimenta, la forma de adornar un plato e incluso festejan cada estación del año con distintos eventos para celebrar el cambio de la estación. La cultura japonesa vive en completa armonía y paz con la naturaleza de su alrededor

En la crónica *Los jardines* Gómez Carrillo nos describe la fascinación e importancia de los jardines tanto públicos como privados de la cultura japonesa.[65] Gómez Carrillo explica que "el amor de la naturaleza es como una religión nacional... [que] desde muy temprano, los niños aprenden á amar á las plantas, á las piedras, á los insectos" (15). Esto nos da a entender que la base sociocultural, moral e intelectual de todo ciudadano japonés es la de desarrollar un ser dotado y ampliamente conocedor de sí mismo espiritualmente; ya que "los chiquillos viven en verdadera comunión con los seres vegetales que son sus primeros amigos [y cuando son mayores de edad los] padres los llevan á contemplar los paisajes célebres" (15). Gómez Carrillo interpretó esta actividad educativa japonesa con la formación individual que los padres en el Occidente les inculcaban a sus hijos cuando estos llevaban "á los adolescentes a visitar los museos" (15). En otras palabras, la apreciación y el disfrute del arte natural o artísticamente creado, debe ser primero inculcado para luego disfrutarlo.

Para celebrar el despliegue de las bellas flores, el pueblo japonés tiene dos fiestas nacionales. Según Gómez Carrillo, "la primera... en abril es la de los cerezos floridos. La segunda, en octubre, la de los crisantemos" (17). Todo el pueblo japonés, incluyendo el emperador disfrutan de estas dos fiestas debido a que "el patriotismo de los nipones es puramente poético y social" (20). Otro elemento importante asociado a la belleza natural del jardín, es la casa. Las típicas casas japonesas en estilos sukuya o shoin, nos muestran un estrecho vinculo con la naturaleza – la madera vasta, el lino, los pisos de tatami, todo en mayor o menor medida reflejan esta unión con la naturaleza – la casa pertenece al jardín y no el jardín pertenece a la casa. La puerta principal de las viviendas en la ciudad dan a la calle y muchas carecen de un jardín debido a la restricción del espacio físico, pero las casas antiguas que están fuera de la ciudad tienen la entrada principal alejada de la calle. Para llegar a ella, se tiene que entrar por un portón y atravesar un pequeño jardín. Gómez Carrillo nos explica que:

> Los japoneses viven entre los árboles. Sus casas no [tienen] muros. Un tabique de papel separa las habitaciones del patio interior... ese tabique se corre y la casa entera se convierte en un

mirador completamente abierto… [todos] tienen ante la vista el panorama delicioso de un paisaje célebre. (26)

Los detalles estilísticos, culturales y tradicionales de las escenas japonesas, en especial la de los jardines le permitieron a Gómez Carrillo unir en un cuadro descriptivo dos imágenes del pasado y del presente. Este espacio sofisticado y culturalmente decorado está asociado a lo que Lefèbvre denomina como un espacio concreto el cual está asociado a los ademanes y a la travesía del cuerpo, la memoria, los símbolos y los sentidos. Es decir, el jardín es un espacio de representación ya que provee un espacio existencial y vivido por medio de asociaciones de emblemas e imágenes representativas de la cultura japonesa. El jardín es el espacio concreto, la forma física del espacio – el espacio real y la representación del espacio es la experiencia física de haberlo experimentado.

El carácter caballeresco y el honor japonés

Otra de las tradiciones japonesa, que nuestro autor asocia con el pasado histórico y la identidad del pueblo japonés es la presencia y aun persistencia de los samuráis y su espléndido código de honor a través de los siglos. En la crónica *El carácter caballeresco*, el autor nos aproxima a los samuráis y a su práctica del "Harakiri". Para completar esto, Gómez Carrillo nos relata el heroísmo de las personas involucradas en esa organización. Para ilustrar el valor y la pasión de los samuráis, el cronista describe los eventos de los héroes japoneses provenientes de leyendas que han formado la base espiritual y cultural del pueblo japonés.

En *Gempei Scisuki* Gómez Carrillo nos relata las hazañas de dos capitanes japoneses y sus tripulantes en alta mar. Según las descripciones, las luchas fueron de cuerpo a cuerpo, y muy sangrientas. Uno de los capitanes vaticinó la muerte de sus hombres y en vez de aceptar la realidad frente a sus ojos "se llena la boca de agua del mar, agua salada y sangrienta, y ordena á los demás que hagan lo mismo para que de antemano saboreen el gusto de la muerte" (50). Gómez Carrillo nos hace ver el carácter caballeresco guerrero de la cultura nipona por medio de estas leyendas. La más notable relata que "los japoneses se complacen en reconocer las cualidades de la raza heroica y sonriente del Yamato, es Yorimitsu, el caballero que M. Leó Charpentier llama con razón el Don Quijote amarillo [. . .] Tuvo mucho renombre y libró a la región de Kyoto de las partidas de Bandoleros que la infestaban" y cuyo héroe "continua siendo popular en el Japón" (50).

Entonces para demostrarle la importancia y el heroísmo del carácter caballeresco de dicha figura, el cronista agrega que "lo mismo que Don Quijote, el terrible Yorimitsu se lanza contra enemigos ocultos que no existen. Defiende á los débiles y es engañado;… ataca a unos molinos que desde lejos le parecen terribles enemigos, Yorimitsu galopa hacia nubes de polvo que cree sobrenaturales adversarios" (51). Como se puede apreciar, las acciones de Yorimitsu son muy similares a las que Miguel de Cervantes Saavedra describe de Alonso Quijano.[66] Sin embargo, lo que Gómez Carrillo deduce es que "los japoneses que saben reírse de sus sacerdotes y de sus cortesanos, de sus sabios y de sus usureros, no quieren ver nunca las aventuras de una manera cómica o grotesca. El vencedor de los gigantes y de las nubes es, en efecto, un Don Quijote, pero un Don Quijote orgulloso, sanguinario y feroz" (51). La figura del héroe en el Japón es siempre la de una persona valiente que debido a cuestiones de honor está dispuesto a perder la vida.

En otra crónica, Gómez Carrillo explica la importancia del suicidio en el Japón cuando nos explica que "el harakiri… es uno de los principios esenciales del código de la caballerosidad nacional, el más bello y el más estricto de todos quizás, puesto que no sólo demuestra heroísmo y orgullo, honor y dignidad, sino también espíritu de sacrificio y desinterés" (80). En otras palabras el suicidio se comete irremediablemente en el caso de perderse el honor, o si se tiene que honrar el honor de la familia. Incluso, se utiliza en algunos casos para devolver un favor de honor. Por lo tanto "en el Japón los dioses mismos aman al suicidio" (81). El concepto de la muerte en Europa difiere del que se tiene en Japón. En Japón el concepto de la muerte no existe ya que la muerte se considera la continuación de la vida.

Para los japoneses morirse por cuestiones de honor u otorgar sus vidas para regresar un favor, es ofrecer gratitud eterna hacia la otra persona por quien se hace el sacrificio. Gómez Carrillo cita dos suicidios que ocurrieron "quince años" (80) antes de su visita al Japón. Según él:

> El primero es el de una mujer, Yoko Hata Keyama, que en 1891, después del atentado contra el zarevitz Nicolás, se suicidó en el sitio mismo en que el príncipe extranjero había sido herido, para probar que el país no era cómplice de aquel acto criminal. (80)[67]

El concepto de suicidarse en honor de alguien, explica nuestro autor "hace sonreír a los europeos, [y] es para los japoneses un alto riesgo de altísima distinción" (86). La sonrisa que Gómez Carrillo menciona es una sonrisa de temor; a la misma vez de desconocimiento hacia los valores culturales y simbólicos que representa el suicidio en Japón ya que "[e]l miedo á la muerte, ese miedo que domina al occidente, no ha invadido aún al Japón" (98). Recordemos que el suicidio en el hemisferio occidental es sentenciado en muchas religiones como un pecado, pero en la cultura japonesa el suicidio es la forma más honorable de escaparse de un acto humillante.

La mujer japonesa

Una vez en Japón, Gómez Carrillo prestó mucha más atención al apego de sus ciudadanos a las tradiciones culturales y al culto por la belleza tanto estética como natural en las expresiones artísticas. Uno de los temas activamente debatido en muchas de sus crónicas es la representación y conceptualización de la mujer japonesa. En Japón, el cronista visitó el Yosiwara de Tokio. En este lugar, Gómez Carrillo admiró y describió a las hetairas – damas de compañía que transmitían imágenes sensuales con una alta connotación erótica.[68] Ahora, la imagen de la mujer japonesa, especialmente la de la geisha en la época modernista ha sido catalogada como un símbolo exótico y erótico en los distintos géneros de aquel entonces. Además de comunicarnos la perspectiva voluptuosa de aquellas seductoras mujeres japonesas, Gómez Carrillo también describió a sus lectores la imagen de la mujer ideal en la sociedad asiática. Dicha mujer representa el símbolo de la inocencia y pureza tanto en el amor espiritual como místico.

El tema de la mujer es uno de los más argumentados en sus crónicas por el Lejano Oriente. Para resistirse de la imagen preconcebida y occidentalizada de la mujer oriental, en especial a la geisha, Gómez Carrillo rectifica esas imágenes preconcebidas a través de varias obras literarias japonesas para comunicarnos el valor heroico y legendario de los japoneses, en especial la de la mujer japonesa guerrera. En la obra "Cerezo de suma", obra popular, "la joven esposa de Atsumori pide á voz en cuello que le den un arco ó una espada para combatir al lado de los hombres" (42). La acción de esta mujer desmiente las primeras percepciones, pero al mismo tiempo intriga al lector y es por eso que

Gómez Carrillo dedica varias crónicas para familiarizar a su público con las épicas japonesas.

Japón y su proceso de modernización

Para proporcionar un mejor entendimiento a sus lectores de América Latina de la cultura japonesa, en especial los cambios que la modernidad les brindó a Japón, Gómez Carrillo nos describe algunas tradiciones y costumbres del emperador japonés. *En El emperador y su corte* el autor nos comenta que el emperador está fuera del palacio imperial:

> El pueblo veneraba [a los emperadores] con... terror. [Verlo] era cometer un crimen que se pagaba con la cabeza. Sus pies no posaban jamás en el suelo. Su poder, como su grandeza, no conocía límites. Sus uñas y sus cabellos depositábanse en los templos, como reliquias. (181-82)

Gómez Carrillo también nos da a conocer el tipo de atuendo utilizado por el emperador y los miembros de su corte. Él escribe que "no hay un japonés tan poco europeo como este soberano que se viste de general francés, ni hay un habitante en Tokio tan antimoderno, como este monarca que tienen un parlamento á la última moda" (182).[69] El tipo de vestuario ofrece un marco histórico-cultural y al mismo tiempo el autor está construyendo una imagen comparativa por medio del cual el lector puede asociar la moda japonesa con la francesa del siglo XIX, que también más tarde influyó en el diseño y adaptación del vestuario en ciertos miembros de la clase dominante japonesa. Si por razones extraordinarias, el lector no estuviera familiarizado con el atuendo francés del período, el autor añade que se encontraba "entre señores con casaca a la francesa y damas trajeadas a lo yanqui" (186) ofreciendo así una imagen occidentalizada de la vestimenta del emperador y los miembros de su corte. Gómez Carrillo a pesar de ofrecernos una imagen comparativa del estilo de moda que los japoneses iban adaptando, también nos da a conocer las influencias políticas y socioeconómicas del pueblo japonés. Él nos dice que "los antiguos soberanos fueron los juguetes de los shogun. El actual es un instrumento manejado por los ministros" (182). Es decir, el nuevo emperador y su corte, además de mantener las viejas tradiciones y costumbres, tienen que enfocarse y acomodarse a las nuevas influencias y avances tecnológicos que los extranjeros aportan a la cultura japonesa.

La influencia de los escritores europeos estuvo muy presente en los escritos de Gómez Carrillo. Él cita en sus crónicas a Pierre Loti y Carlos Pettit cuyas obras lo motivaron a realizar el viaje. La mención y el uso de las perspectivas de estos escritores y viajeros europeos en la obra de Gómez Carrillo confirman que él tenía nociones previas del Japón. Sin embargo, estas no fueron utilizadas para describir a Asia. Las crónicas de Gómez Carrillo establecen un diálogo cultural entre el cruzamiento e intercambio socioeconómico e histórico de los hemisferios.

El Lejano Oriente se (de)construye en los textos de Enrique Gómez Carrillo, José Juan Tablada, entre otros, como un espacio original y moderno, que transmite su historia y porvenir. A Japón se viaja para experimentarlo como un espacio pre-moderno y familiar, y sin embargo adquiere una interpretación híbrida debido a su contigüidad con París, que se presenta como historia moderna "[n]ations, like narratives, lose their origins in the myths of time and only fully realize their horizons in the mind's eyes" (1) según Homi Bhabha. En otras palabras, el Lejano Oriente en sí fue primero concebido por el Occidente a través de las imágenes de las sociedades asiáticas pintadas en los objetos artesanales. Luego dichas perspectivas fueron contextualizándose para formar entidades imaginadas que son marcadas con un espacio determinado. Es decir, las descripciones, las reflexiones y las experiencias propias le permitieron a los viajeros-cronistas re-codificar y reconstruir el paisaje japonés para el entendimiento y disfrute de sus lectores.

El Lejano Oriente es un texto que se traza dos veces en todo viaje hispanoamericano, pues el viajero-cronista lleva consigo una noción preestablecida de Asia, y estando allí realiza una lectura crítica y seleccionada del paisaje que lo remite esencialmente a una (de) construcción textual. En otras palabras, el viajero que llegó al Lejano Oriente reconstruyó la imagen concebida de aquellos que no hicieron la travesía. El discurso del cronista modernista hispanoamericano ofrece una visión menos excéntrica y más moderada del Lejano Oriente. El viaje resalta la exhibición y la reescritura de textos con simbolismo e ideología occidentalizada. De esta manera Araceli Tinajero concuerda que "el viaje enriquece la forma de percibir y conocer a fondo las interpretaciones culturales" (33). El cronista una vez establecido en el Lejano Oriente percibe el espacio asiático de manera muy distinta al previamente imaginado en sus lecturas. Es decir, lo superficial, lo exótico ya no son los temas de discusión. Los eventos socioculturales son los que entran en el marco de discusión, substituyendo las nociones preexistentes, en especial las preconcebidas.

CAPITULO CUARTO

EL ESPACIO ASIATICO VIVIDO

> Las ciudades son un conjunto de
> muchas cosas: memorias, deseos,
> signos de un lenguaje; son lugares
> de trueque…, pero estos…, son
> también trueques de palabras, de
> deseos, de recuerdos.
>
> Italo Calvino. *Las ciudades
> invisibles*.

Introducción

Tras el éxito de los viajes de José Juan Tablada y de Enrique Gómez
Carrillo por el Lejano Oriente, Japón y otras ciudades importantes de
Asia llegaron a ser no sólo el centro de atención turístico, cultural y
socioeconómico para la sociedad hispanoamericana, sino que también
fue el epicentro de la explosión de un gran número de obras literarias y
artísticas publicadas sobre dicha región geográfica. Tablada y Gómez
Carrillo a través de sus obras re-formularon según nos comenta Araceli
Tinajero el "imaginario oriental modernista [que] se produjo a partir
de interpretaciones basadas en un viaje real y [o literario] a través de la
aproximación y apreciación de artefactos culturales" (101). Recordemos
que estos viajeros-escritores fueron enviados por los reconocidos
periódicos de *La Nación* de Buenos Aires y *El Imparcial* de Madrid a lo
largo del siglo XIX para reportar a los lectores del otro lado del océano
los distintos eventos socio-políticos y culturales de Japón. Siguiendo
estos lineamientos, podríamos argumentar que el nuevo viajero-escritor
hispanoamericano que realizó la travesía a principios del siglo XX,
lo hizo para experimentar y cautivar las nuevas experiencias que un
Oriente recién abierto a Occidente podía brindar.

Para continuar y de alguna manera dar conclusión a la experiencia literaria despertada por el Lejano Oriente en los escritores hispanoamericanos, en este capítulo se examinará el discurso modernista del escritor mexicano Efrén Rebolledo quien vivió y trabajó en Japón.[70] Además de analizar sus experiencias, también consideraremos dos factores determinantes para el estudio de la obra de dicho autor - la cantidad de tiempo que vivió en el país que describe y su cargo de diplomático como representante de México en Japón. Mi intención es comparar y contrastar las construcciones y las representaciones de los espacios, sujetos y artefactos culturales asiáticos descritos y estudiados por este escritor, con las dejadas por José Juan Tablada y Enrique Gómez Carrillo quienes fueron los que desarrollaron una nueva perspectiva y representación del paisaje social artístico y cultural japonés a fines del siglo XIX.

Las relaciones socioculturales y económicas de México y Japón en el siglo XIX

A la agitada vida política que le sucedió los años de independencia de la dominación española, la Intervención francesa y el Imperio de Maximiliano, se le debe agregar la inauguración de la etapa conocida como La República Restaurada. Este evento dio lugar a la apertura de la Era Moderna mexicana (1867-1911) que coincide con la reelección de Benito Juárez al gobierno. Durante esta época, se buscó la estabilidad que permitiría la negociación de tratados con países del continente americano, Europa y Asia. Esta práctica se extendió inclusive en los años del Porfiriato (1876-1911). Hasta ese momento las relaciones con los países europeos eran casi inexistentes, y México apoyado por los Estados Unidos, inició negociaciones para reanudar las relaciones diplomáticas y comerciales con Europa. Tanto al viejo continente como a México les convenía estrechar sus lazos comerciales. La inversión de capitales europeos en la incipiente industria mexicana beneficiaba a Europa, mientras que a México se le abrían otros puertos, dejando así de depender únicamente de los tratados con Estados Unidos. Ya para la última década del siglo XIX, México había firmado tratados con Alemania, Italia, Francia, España, Gran Bretaña y Japón.

Los portugueses descubrieron a Japón en 1543. Japón por su lado estableció relaciones comerciales con Portugal primero y después con

España a través de Manila, y posteriormente con Holanda (1608) y con Inglaterra (1916). El siglo XVI se caracterizó por la apertura de Japón al occidente. Esta etapa histórica fue marcada por la llegada de misioneros cristianos, entre ellos jesuitas, franciscanos, dominicos y agustinos, quienes lograron convertir a la religión católica un importante número de señores feudales y miembros de la clase media japonesa. Más importante aun, resultó la introducción de la cultura europea de la época en las tierras de Oriente.

Tras la batalla de Sekigahara en 1600, Tokugawa Iyeyasu, estableció el Shogunato Pre-Moderno que dominaría el Japón por más de dos siglos (1603-1868). Materializar la idea de establecer relaciones comerciales con la Nueva España, se encontraba entre uno de los objetivos de Iyeyasu, pero no llegó a concretarse debido a la incapacidad de las colonias de comerciar sin la aprobación de la metrópoli. Al mismo tiempo, el mismo gobernante japonés, que ambicionaba establecer relaciones comerciales con Occidente, adoptó la política de aislamiento, concretándose a partir del edicto establecido el 27 de enero de 1614 que prohibía la religión cristiana en el Japón. Además de este edicto, otros tres decretados más adelante por el Shogunato, interrumpieron las relaciones con los países católicos, además de prohibir el viaje de los japoneses al extranjero y la llegada de barcos portugueses y españoles a los puertos de Japón. El puerto de Dedzima, en Nagasaki, fue el único que quedó abierto, tan sólo para comerciantes holandeses y chinos.

A partir del aislamiento, Japón se robusteció internamente: se desarrollaron la industria y la agricultura, florecieron las artes, las letras y las ciencias, especialmente la medicina, la física y la astronomía (Mishima 14). Como consecuencia del incipiente aumento de la población, surgieron grandes ciudades, además de una prominente clase de comerciantes, los chonin, que facilitaron el desarrollo de la cultura japonesa.

A pesar de los pedidos de apertura por parte de Rusia y Holanda, no fue hasta 1867 en que Japón aceptó reestablecer relaciones políticas y comerciales con Occidente. El descontento interno hacia el gobierno Tokugawa, había obligado a Tokugawa Keiki a entregar pacíficamente el poder a la familia real en noviembre de 1867, que retomaba el poder después de ocho siglos. El Emperador Mutsuhito, restaura el sistema imperial y Japón entra en la Era Moderna que se extenderá entre 1868 y 1912 (Mishima 14-15).

Como se puede apreciar la Era Moderna de los dos países corren casi paralelamente. Aunque las negociaciones del primer tratado México-Japón se llevaron a cabo durante la presidencia de Manuel González, existieron antecedentes económicos que sentaron la base para tal acontecimiento. El principal se debía a la desventaja que el peso mexicano tenía sobre el valor de la moneda europea, lo que hacía conveniente la compra de productos a precios bajos provenientes del Japón. Inclusive, Manuel Fernández Leal, Oficial Mayor del Ministerio de Fomento y Colonización, Industria y Comercio, insistía en la compra de productos japoneses para luego revenderlos a otros países tomando ventaja de las vías férreas que conectaban el Atlántico con el Pacífico (Mishima 15). Consecuentemente, el 1 de marzo de 1884 se firmó un contrato para establecer una línea de navegación entre México y Asia, acto que posteriormente no se materializó.

A pesar del interés del gobierno japonés de establecer conexiones comerciales con México, esto se vio imposibilitado hasta no se revisaran las cláusulas de comercio que favorecían a las naciones europeas. Con respecto al tema, el Ministro de Relaciones Exteriores, Ignacio Mariscal, le indica a Matías Romero, Ministro de México acreditado en Washington, que debe informarle al jefe de la Misión japonesa:

> Sobre la disposición de México para celebrar un tratado de amistad, comercio y navegación sobre bases de absoluta igualdad... [se] señaló que era conveniente hacer ver al representante del Japón que este tratado serviría a su país como precedente para la denuncia de sus otros tratados. (Mishima 17)

A pesar del ofrecimiento de firmar un nuevo tratado basado en la estricta reciprocidad, Japón no aceptó, y las negociaciones quedaron suspendidas, hasta enero de 1888 cuando se reanudaron las conversaciones diplomáticas.

Era la época del Porfiriato, y el país gozaba de cierta estabilidad política y tranquilidad. Se había finalizado la construcción de la vía ferroviaria y se habían establecido las líneas de telégrafos y teléfonos, favoreciendo de esta manera la comunicación entre las comunidades en el país. Las conversaciones entre México y Japón se reanudaron en noviembre de 1887, terminando el mismo mes del año siguiente. El tratado finalmente fue firmado en Washington el 3 de diciembre de

1888 y fue ratificado por el Emperador Munemitsu el 12 de marzo de 1889 y Porfirio Díaz el 25 de mayo de 1889.

Lo que vale resaltar de este acontecimiento es que México por primera vez en la historia firmaba un tratado con un país asiático y era la primera nación de Occidente que reconocía la soberanía del pueblo japonés al negociar un tratado basado en la estricta reciprocidad (Mishima 23). El tratado México-Japón estuvo vigente hasta 1924. Otros convenios menores le sucedieron, y no fue hasta el 21 de mayo de 1932 en que México se vio en la necesidad de denunciar violaciones de cláusulas del tratado México-Japón. El severo informe fue levantado por Enrique Flores Magón, Subjefe del Departamento de Migración de la Secretaría de Gobernación, en el que se denunciaba que ciudadanos japoneses asentados en el noroeste del país, no cumplían con las leyes mexicanas, además de delatar la existencia a lo largo del país de muchos japoneses sin documentación mexicana. Debido a lo delicado de las relaciones japonesas-norteamericanas, el asunto se manejó con la mayor diplomacia y se llegó a un acuerdo en diciembre de 1933.

Con la declaración de la Segunda Guerra Mundial, el tratado México-Japón pasó a quedar sin vigencia, y recién el 8 de septiembre de 1851, tras la firma del Tratado de Paz con Japón en San Francisco se reanudó la vigencia de los tratados firmados con anterioridad a la guerra. Las visitas de presidentes mexicanos al Japón en los años posteriores sellaron las intenciones del país latinoamericano de mantener relaciones comerciales y políticas con el país del sol naciente.

Efrén Rebolledo

Efrén Rebolledo, escritor y diplomático mexicano, fue también un incansable viajero que se trasladó por diferentes países europeos y asiáticos. Rebolledo nace el 9 de julio de 1877 en Actopan, Hidalgo (México) y fallece el 10 de diciembre de 1929 en Madrid. Su nombre de bautizo es Santiago de Procopio. Su vida literaria se hizo evidente al público cuando ganó una beca del Instituto Científico y Literario de Pachuca, aunque no se sabe que obra se premió. Al acabar sus estudios ingresó al servicio diplomático gracias a la ayuda de don Bernardo Reyes, Ministro del Gabinete de Porfirio Díaz. Desde 1907 a 1912, el gobierno mexicano lo envía como segundo y primero secretario de la Delegación mexicana a Tokio, encargado de los aspectos de negocios entre México y Japón para remitir asuntos consulares, trámites administrativos y cortesía diplomática, exactamente 5 años después que José Juan Tablada y 2 años que Enrique Gómez Carrillo hubieran regresado del Japón. Durante su permanencia en Asia, también vivió por un año en China y mientras se desempeñaba en su tarea diplomática en Japón, Rebolledo publica *Rimas japonesas* (1907), *Nikko* (1907) y *Hojas de Bambú* (1907).[71]

Las 3 perspectivas del espacio japonés en las crónicas de Efrén Rebolledo

El libro de poemas titulado *Rimas japonesas* contiene siete poemas con cuatro emblemas (la casa de té, la geisha, el Fujiyama y el Yoshivara), todos representativos de la cultura japonesa exclusivamente utilizados por los viajeros-escritores occidentales para describir imágenes asociadas al exotismo japonés. Sin embargo, después de haberlos analizado detalladamente podemos asegurar que *Rimas japonesas* fue escrito días, o tal vez a más tardar un mes después de su llegada a Japón, ya que pueden notarse rasgos en sus escritos provenientes de sus imágenes preconcebidas en la perspectiva que ofrece del paisaje físico y cultural japonés. Sin embargo, en *Nikko*, Rebolledo nos ofrece imágenes "concebidas". Es decir, las descripciones asociadas al espacio físico y cultural japonés contienen menos elementos exóticos. El autor profundiza y ahonda en su interpretación de la cultura y el paisaje japonés. Incluso se da a la tarea de criticar la ciudad, y a lo largo de su travesía, introduce a varios compañeros de viaje que lo acompañan por los alrededores de la ciudad de Tokio.

Su última obra *Hojas de bambú* también está asociada con su viaje por Japón. En ésta, Rebolledo utiliza un personaje ficticio, Abel Morán para contar su propia vida (antes de y durante) la travesía. Muchas de las imágenes que se presencian en este texto las llamaremos "vividas". Este texto tiene un tono más sofisticado y serio y sus impresiones del Japón están íntimamente asociadas con los procesos de modernización y desarrollo industrial japonés. El exotismo del Lejano Oriente desapareció. La magia y el misterio del mundo asiático preconcebido en la poesía de Casal, los cuentos de niños de Martí y en los escritos de Darío no son los puntos de interés de este autor. Es en esta instancia cuando vemos que Japón empieza a perder su exotismo y elegancia cultural para el viajero-escritor modernista.

El espacio físico y cultural preconcebido en *Rimas Japonesas*

Los primeros tres poemas en *Rimas japonesas*, *Venus Aurea*, *Dai Butsu* y *Danza de geishas* narran al lector la primera experiencia cultural y erótica de Efrén Rebolledo. El primer poema describe el recibimiento formal que la dama les da a los huéspedes en la casa de té. Rebolledo se sorprende al ver que la mujer que servía el té "se prosterna hasta besar la limpia estera" (1). El poeta se asombra, pero al mismo tiempo se siente muy halagado porque hasta ese entonces nadie lo había recibido con tanta formalidad. El autor entra y se sienta en el almohadón y comienza el ritual de servir el té. Lo curioso de este primer poema es que Rebolledo no hace mención del espacio natural de carácter estrictamente cultural que sirve de antesala a la sala de té. El jardín que generalmente constituía de un arreglo de piedras, en cuyo centro se encontraba una fuente cuadrangular con agua, que el huésped usaba para lavarse las manos y la boca antes de entrar en la sala de té, pasa desapercibido para el autor mexicano quien centra su atención en el ritual del té y la que lo sirve.

La mujer japonesa a través de los ojos de Efrén Rebolledo

En esta crónica Rebolledo está en una casa de té. Una vez sentado y con el té vertido, Rebolledo procede a hacer una descripción del kimono y las características físicas de la mujer japonesa que trabaja en la casa de té:

En tus ojos hay tinieblas de misterio
Tal vez guardas un magnífico tesoro
De ternuras ignoradas y felinas
Y me hechices con tus formas ambarinas. (2)

Rebolledo en estas líneas al igual que otros viajeros occidentales que viajaron a Japón, exalta la hermosura y la elegancia de los kimonos. Respecto a esta seducción y rendimiento completo hacia la belleza de la mujer japonesa, y en especial a la imagen y al supuesto rol que los viajeros occidentales le han otorgado a las geishas, Jorge Rueda de la Serna nos explica que "el artista hispanoamericano se enamora de esa imagen... misteriosa, imperturbable, inexpresiva, incapaz de exteriorizar sus penas… [lo cual] ejerce un poder fascinante" (121). La incapacidad de comunicación lingüística se traduce en el desarrollo de una atracción hacia el arte de describir lo artístico y lo sexual que la figura proyecta. Una vez más y siguiendo el lineamiento planteado por los autores anteriormente estudiados, podríamos sostener que la mujer es vista como un objeto del cual el viajero occidental se apropia.

El tercer poema en está colección de imágenes culturales japonesas es *Danza de Gueshas*.[72] Dicho poema está dedicado a José Juan Tablada ya que ambos son admiradores de la belleza y creyentes de la ilusión y la fantasía que las geishas transmiten a través del baile y del ambiguo rol que ellas desempeñan dentro de la imaginación del viajero occidental. Este poema es una descripción detallada de dos geishas, la que baila y la que canta y toca el instrumento musical. Primero hay una descripción detallada de la delicadeza y la sofisticación del arreglo del cuero cabelludo de las jóvenes. Luego se concentra en los kimonos y sus decoraciones ya que ambos aspectos determinaban el estatus social al que representan la geisha. En otras palabras, tradicionalmente las prostitutas de baja categoría (las de la calle) en Japón, se vestían con una bata azul y poco elegante y placentera para los miembros de las clases altas interesados en sus compañías. En cambio, las que tenían un peinado con decoraciones sofisticadas y kimonos de seda con diseños artísticos y elegantes pertenecían a la clase alta dentro del ámbito sociocultural del Yoshivara. Las dos geishas que nos describe Rebolledo parecen pertenecer a dicha clase ya que las primeras líneas del poema la describen de la siguiente manera:

> Una guesha de cabello recogido con prolijas
> Elegancia, templa y templa sonriendo el oriental
> Chamisén de piel de gato, largo cuello y tres clavijas
> Que tocado con el plectro lanza notas de metal. (7)

Aquí se destaca la delicadeza y la sofisticación en el arreglo del cabello que muestra un determinado estatus social de la geisha. También a través de la metáfora "piel de gato" Rebolledo asocia la vestimenta de la geisha (el kimono) con lo suave, lustroso y delicado de los pelos del felino. Más adelante, y para enfatizar dicha idea, nos revela los seductores movimientos de baile de la siguiente manera: "Borda un baile de postura ora crueles, ora tiernas. Que gentil escorzo doblan su cintura de bambú" (7). En otras palabras, si bien a veces los movimientos son viriles y llenos de energía, son al mismo tiempo lo suficientemente sensuales para despertar las emociones mundanas entre los hombres que disfrutan de su compañía y danza.

Su poema más relevante en esta sección se titula *La ciudad sin noches*. El propio titulo nos podría hacer pensar que esta ciudad es Tokio, pero no lo es. Una lectura más detallada nos revela que se trata de Yoshivara, también conocido por muchos viajeros occidentales como el famoso distrito rojo en Edo.[73] Rebolledo empieza este poema con una descripción elegante y fascinante de las calles oscuras llenas de faroles blancos y rojos, que simulaban la forma de las flores de loto, e iluminaban el misterioso y sensual camino hacia la lujuria. También comenta que cada establecimiento tiene carteles que anuncian el placer para quien desea sumergirse en la aventura y perderse en un mundo lleno de fantasías mundanas.

En el mismo poema Rebolledo hace referencia a la apariencia física y el atuendo desarreglado de las geishas que se posaban sensualmente al lado de la entrada del local para que el huésped pudiera escoger la dama de compañía de su gusto. El autor lo describe así:

> Con sus sueltos kimonos y obis bordados,
> A modo de muñecas en sus vitrinas
> Están las cortesanas en sus estrados
> Esperando a devotos de su hermosura. (12)

El autor nos ofrece una imagen sensual y atractiva de las geishas que trabajan y viven en "las calles del Yoshivara" (12). Significativamente, la descripción física que Rebolledo le da a su lector de las geishas sentadas al lado del establecimiento es muy similar a la que hizo Rubén Darío en su cuento "La muerte de la emperatriz de la China" cuando Recadero recibió el busto de porcelana obsequiado por su amigo Robert. La atracción y la perfección corporal, además de delinear el "pálido rostro y cejas finas" (12) definidas por Efrén Rebolledo son las características que ambos escritores recalcaron para visualizar el ideal de la mujer oriental. Mientras que otros escritores y viajeros occidentales comentaron que el kimono perfectamente arreglado era un atuendo que transmitía y exaltaba la belleza y la delicadeza de la mujer japonesa, lo desarreglado y lo suelto de los kimonos de las cortesanas expuesto por

Efrén Rebolledo recalcaba la exuberante e incipiente sexualidad de estas mujeres. Lo detallado del cuadro revela que estas imágenes, fueron tal vez personalmente presenciadas por el autor en las calles de Yoshivara. Según J. E de Becker en *The Nightless City or The History of the Yoshiwara Yukake* (1971) nos comenta que el "Yoshiwara was home to some 1,750 women in the 1700s, with records of some 3,000 women from all over Japan at one time. These women were often sold to the brothels by their parents at the age of about seven to twelve" (306).

También agrega que:

> If the young girl was lucky, she would become an apprentice. When the girl was old enough... she would become a courtesan herself. The girls often had a contract to the brothel for only about five to ten years, but massive debt often kept them in the brothel their entire life. (306)

Por lo tanto, muchas jóvenes para poder pagar la deuda acumulada y aspirar a ser libres, trabajaban largas horas. Otras, para incrementar su clientela y/o para encontrar al hombre que pudiera comprar su libertad y posiblemente hacerla su concubina, le soplaban a los transeúntes galantes lemas como "Su frescura me dieron los crisantemos" o "Mis encantos duran como los pinos" (13). Estas sensuales expresiones llamaban la atención de los hombres japoneses y muchos se sentían atraídos hacia ellas y entraban a los establecimientos para disfrutar de la compañía de las hermosas geishas. En otras palabras, a diferencias de lo que sucede en la cultura occidental, en Japón son las geishas las que inician el cortejo que levará a la unión carnal. Ellas son las que estimulan a que los hombres vayan a las calles de Yoshiwara. Por su lado, Rebolledo al no conocer las diferencias culturales, transmitió poéticamente las sensaciones percibidas mientras caminaba por las calles del Yoshivara de la siguiente manera:

> A mi oído excitado llega el bullicio,
> Y teñidas bocas, flores de vicio,
> Rebosan del veneno de la lujuria,
> Y marchan, marchan, marchan mis pies errantes. (13-14)

A pesar del éxtasis emanado del ambiente, y lo erótico que pudiera resultar para los nipones, estas imágenes no influyeron en Rebolledo para que se perdiera en el mundo de las pasiones, sino que más bien le produjeron asco; con el consecuente alejamiento de Yoshivara. Además, ante la no familiaridad con el agresivo y abierto cortejo de las geishas, siente temor y hasta desprecio hacia las cortesanas que se ganan la vida trabajando en las "calles del Yoshivara." La sofocación que experimenta es descrita en la estrofa final de esta manera:

> Me asfixio en este infierno de gozo insano
> no quiero ya más luces ni lujo vano
> y al fin cuando á mi espalda dejo el pantano
> me alivia el ver los lirios de las estrellas. (14)

De esta rotunda manera, Rebolledo rechaza esa vida de engaño, de fantasías y de emociones mundanas y se aleja del distrito rojo. Sin embargo, varios meses después de estar sólo, en una noche fría y lluviosa de invierno llega a las afueras de su casa "la forma de un liviano kuruma que me intriga" (30) comentó Rebolledo. El esperó unos segundos y

> De guetas y kuruma oigo el rumor lejano,
> Y al esplendor incierto de una linterna miro
> Un celadón que baña la luz y un pino enano
> Que se retrata encima del muro de pairo. (30)

Rebolledo nos describe lo que creyó ver en las afueras de su casa. De hecho, debido a la luz de la linterna que cegada su visión, él no pudo distinguir quien se acercaba a su casa. Lo único que veía era la sombra y una imagen distorsionada de una figura que no podía distinguir ni como hombre ni como mujer. Entonces, al sentirla muy cercana a su puerta, entra una mujer,

> Con mimo se acurruca sobre mi pecho amante
> me dice mil ternuras con sus miradas hondas
> y cuando nos despierta la luz del sol radiante
> Gorjean los traviesos gorriones en las frondas. (31)

Este poema nos revela que Rebolledo, a pesar de su inicial rechazo, no resistió la tentación y la sensualidad de la geisha. El escritor en estas últimas estrofas se delata que finalmente sucumbe a los vicios de la sociedad japonesa. Culpa a la nostalgia que siente de no poder estar junto a sus seres queridos y en especial a la novia que dejó en México, y en su lugar Rebolledo acepta la compañía de la geisha.[74]

El Fujiyama – orgullo japonés y admiración para el viajero occidental en Japón

Otro conocido emblema modernista, constantemente utilizado por los escritores de dicha época para transmitir las impresiones causadas por el paisaje natural de Japón es el volcán "Fujiyama" que Rebolledo no deja de explotar. Si bien no comenta sobre el espacio geográfico donde se encuentra, poéticamente transmite la magnifica imagen del volcán visto desde todos los ángulos de Tokio. El poema es breve y sin mucho detalle que lo resalte, pero nos apunta que el volcán "es un tema familiar de los artistas que lo dibujan amorosamente" (10). Esto es ejemplificado con anterioridad por Tablada y Gómez Carrillo, quienes ya habían escrito extensivamente sobre la impresionante imagen que transmite el volcán Fujiyama.

El viaje de regreso

En el último poema de *Rimas Japonesas*, Rebolledo se despide de Japón.[75] El autor en este poema no nos afirma de qué ciudad en particular se despide. Sin embargo si analizamos los espacios socioculturales que nos ha descrito en los poemas que forman parte del libro, podríamos asumir que Rebolledo está en Tokio ya que esa ciudad es la única que posee un distrito rojo (el Yoshivara) en Japón.

En la tercera estrofa de este último poema, nos da a entender que llegó a Japón en la primavera de 1907 y nos asegura que su viaje fue productivo y lleno de aprendizaje y que "fue corta sin embargo alegre la primavera" (38). En las estrofas 4 y 5 nos aclara la razón de su partida comunicándonos que su madre se encuentra severamente enferma en México. Inmediatamente el escritor empieza sus preparativos para emprender el viaje de regreso, pero al mismo tiempo se siente turbado de no saber qué hacer con su dama de compañía, ya que ella le había comentado que "quiero marchar contigo, me dice á toda hora" (38) y al mismo tiempo Rebolledo nos dice que ella es ese "sér que en la lejana isla endulzó mi vida" (38), pero que obviamente no pertenecía a su mundo occidental. Al igual que otros escritores hispanoamericanos antes de embarcarse al Lejano Oriente, Rebolledo se había enamorado de una representación artística, femenina, elegante y sensualmente construida por los viajeros europeos que viajaron al Japón. Dicha imagen se transmitió y se desplazó en todos los ámbitos literarios y muchos intelectuales de la época ya tenían una perspectiva visual de lo que vendría a ser la imagen de la mujer oriental ideal.

Rebolledo estando en Japón, hace realidad la fantasía propagada e impregnada en muchos artistas de fin de siglo. Su convicción es tan fuerte que lo ciega y en un rapto de locura y de incertidumbre dice que "la llevaré [haciendo referencia a su dama de compañía] como preciosa porcelana // como una laca espléndida, como un metské exquisito" (39). En otras palabras, Rebolledo objetiviza a la mujer japonesa haciéndola su propiedad y su objeto del deseo sexual.

En la décima estrofa del mismo poema es cuando se llega a conocer el nombre de su amante japonesa – "Tama" (39).[76] En esta escena Rebolledo se encuentra sentado en el tren junto a la ventana despidiéndose de todos sus amigos y de Tama. En uno de sus escritos Rebolledo exclamó "regresaré muy pronto, muy pronto ¡sayonara!" (40). Esta frase deja mucho que decir porque no se sabe si Rebolledo se está despidiendo de su amante y le asegura que volverá por ella o es un llamado nostálgico en donde nos confirma que regresará a visitar esa ciudad.[77]

El espacio concebido y sociocultural japonés

El segundo texto de interés en nuestro análisis de la extendida estadía de Efrén Rebolledo en Japón es *Nikko* (1907) el cual está narrado en primera persona. Esta novela relata los paseos e impresiones recogidas de la cultura japonesa durante su viaje a la mística región de Nikko. En el transcurso de los relatos, Rebolledo se encuentra en compañía de otros personajes extranjeros como las señoritas Nieve y Lirio y la constante presencia de Von Vedel, cuyo origen étnico no es mencionado por el autor. Todos visitan las distintas áreas culturales y religiosas de Nikko, mientras se describe el escenario del paisaje japonés en el trasfondo de los relatos.

Primero, quisiera aclarar que Rebolledo comienza la narración de este segundo texto de viaje a Tokio. Lo ambiguo de esta descripción es que en su previa obra *Rimas japonesas*, Rebolledo se estaba despidiendo de sus amigos y de su dama de compañía en una estación de tren que lo iba a llevar al puerto para tomar el trasatlántico para regresar a México con el objetivo de ver a su madre enferma; pero según la investigación hecha hasta el presente no se ha localizado ningún documento que confirme la partida y re-entrada de Rebolledo a Japón, por lo tanto se asumirá que él tomó el tren para arribar al otro extremo de la ciudad, donde descansa antes de partir hacia Nikko.

Rebolledo se encuentra reposando en "un santuario shintoista" (5) y a través de una ventana nos describe los eventos que ocurren antes de su viaje a Nikko, conocida por muchos viajeros occidentales como la ciudad de los templos religiosos. Nos comenta que es verano y "el sol derrama cálidos rayos de luz que anegan las calles de reverberantes reflejos, y adormecen á los árboles que borrachos de calor, acallan el susurro gárrulo de sus hojas" (5). Más adelante describe el atuendo de los hombres y las mujeres de la siguiente manera, "las mujeres desvestidas de la cintura arriba y los hombres velados apenas por ligerísimo taperujo… [y el correr del] kuruma [que] pasa perezosamente" (6) muestran las altas temperaturas del arduo y seco verano en Japón.

En su segunda crónica, el espacio literario es compartido con el diplomático y Rebolledo familiariza al lector occidental con la relación comercial y diplomática que México y Japón comenzaron a desarrollar y explica que "México es un país [que] hoy por hoy no tiene muchos negocios en el Imperio del Sol Naciente" (9). Ahora, lo desconcertante de este escrito es que Rebolledo no nos explica los motivos de esta falta de comunicación e intercambio entre dichas naciones. Para eso debemos investigar los hechos históricos que ocurren en el momento. Más desconcertante aun es que de repente cambia de tema y empieza a contarnos de su apuro para irse a la estación de tren que lo llevará a Nikko.

Al llegar a la estación de Nikko, Rebolledo toma un Kurumaya que lo llevará al "Hotel Kanaya" (11). En el hotel una criada le abre un tabique corredizo, Rebolledo entra y se quita sus zapatos, una tradición muy común en Japón, que según explicado por Lensey Namioka, se dejan afuera la tierra quede afuera también "Since the floor is used for sitting and sleeping, it must be kept spottessly clean, and therefore no street shoes are allowed past the vestibule" (65). En dicha sala Rebolledo se reúne con "la Baronesa Narita" (13) y ambos admiran un "kakemono con paisaje montañoso" (14). Al mismo tiempo entra "la señorita Lirio, "a quienes, puesto de pie, saludo á la japonesa, inclinándome hasta ponerme en escuadra, sorbiendo ruidosamente y deslizando mis manos hasta mis rodillas" (14), un saludo formal y tradicional japonés. Cuando todos están sentados, Rebolledo les comenta a las personas que su japonés no es muy bueno y promete mejorarlo (14). Todos disfrutan tanto de la conversación como de sus respectivas compañías.

En la sexta crónica hay una descripción de Von Junker, un amigo y colega que trabaja en el área de la diplomacia. Rebolledo nos comenta que el "es muy, pero muy metódico, sale todas las mañanas á las ocho, coloca la cachucha, para volver a las nueve, repitiendo su paseo de cuatro á seis de la tarde" (29). De una forma u otra, Rebolledo nos está comentando cómo es el estilo de vida y el espíritu de trabajo de los japoneses y de aquellos que viven y trabajan junto a ellos. Más adelante Rebolledo nos describe la activa vida que los japoneses llevan en Tokio. El comenta que

> en Tokio durante este tiempo el aire es irrespirable, y en seguida el encanto del veraneo radica en el cambio que es el alma misma del esparcimiento. El encanto lo forma el no escribir en la cancillería los sobados despachos que comienzan con un solemne, Señor Embajador, (31)

Dicha imagen y actitud está asociada con el trabajo diario de la embajada. Si hay mucho trabajo, el espacio físico y moral es deprimente y muy monótono, pero si hay poco trabajo, ambos espacios reflejan lo fácil y la simplicidad de la vida que allí se experimenta. Se sabe del cambio de actitud porque él mismo nos comenta que "el no haber de ponerse el frac para asistir á alguna soporífera comida en la no esperan todos para escaparse sino que se despida el invitado de mayor jerarquía" (32).

Después de varios meses de estadía en Nikko, con un tono melancólico, pero sobre todo desilusionado, Rebolledo llega a la conclusión de que lo que leyó en los relatos de los escritores europeos, especialmente los del francés Pierre Loti sobre la ciudad de Nikko y sus paisajes naturales no era cierto; por lo tanto para no dejarse consumir por el desencanto del panorama físico y cultural y las excéntricas e impresionantes imágenes acumuladas en su memoria, Rebolledo encuentra su libro en *las Japonerías de Otoño* de Pierre Loti y nos comenta que:

> ... [lo] leí con fruición ese propio libro, saboreando goloso su rareza, y siempre bañado por la misma onda melancólica, ábrolo en el capítulo sobre Nikko. ¡Cuánta inexactitud! Nikko,... no es la necrópolis de los Emperadores Japoneses, sino una extensa comarca. (56-57)

Aquí Rebolledo a pesar de estar en la misma ciudad que llegó a conocer y luego a despreciar, revive una vez más su fantasía a través del imaginario social que Pierre Loti construyó en sus escritos asociados al Japón, y ahora desconoce.

Después de dicha experiencia negativa, Rebolledo en una carta escrita al señor D. Jesús E. Valenzuela, director de la *Revista Moderna* en México, el 29 de diciembre de 1907, titulada *Desde Japón: una carta*, le comenta sus malos ratos personales y profesionales en Japón. Primero, Rebolledo le pide disculpas al director por no haberle "mandado á usted nada desde algún tiempo, esperando darle la pequeña sorpresa de mis *Rimas japonesas* que le remito por separado" (307). También le comenta que sigue con su viaje y que ha visitado muchas regiones que contienen distintos estilos arquitectónicos y costumbres tradicionales muy similares a las que presenció en Tokio. En esa misma carta le describe sus viajes por Tokio, Nikko y Kioto. Incluso narra sus visitas a los templos, el castillo Nagoyen y comenta superficialmente del Yoshivara y las casas de té" (308).

Tal parece que Rebolledo no se encuentra muy entusiasmado por el paisaje natural y la cultura japonesa a su alrededor, pero en el último párrafo de su carta al director de la *Revista Moderna*, Rebolledo le quita todo el esplendor y la belleza artística y cultural con la cual describió Japón al principio. Él escribe que "despues de cierto tiempo cuando la novedad se convierte en cosa corriente, la vida es bastante monótona en las noches, fuera de alguna atildada comida donde se sabe de antemano qué cosas se han de decir y hasta á qué horas se ha de fastidiar, no hay nada, nada, nada. A las doce de la noche es un cementerio el Japón" (308). Obviamente en esta breve carta, Rebolledo le comenta al director su disgusto de las distintas atracciones sociales y culturales de la cultura japonesa. Además, los comentarios de su último párrafo nos dan a entender que él no se siente a gusto con las visitas al Yoshivara y la forma en que los japoneses disfrutan de sus horas libres después del trabajo.

La experiencia cotidiana y el espacio vivido

El último libro que Efrén Rebolledo publicó sobre su estadía y sus experiencias en Japón es *Hojas de bambú* (1907). Dicha novela relata la historia de Abel Morán, un joven que en sus últimos días de estudios antes de graduarse de la carrera de derecho recibe "quinientas libras esterlinas" (9), las que podrá disfrutar después de su graduación. El padre le había indicado que él podría hacer lo que quisiera con el dinero y le insinuó que sería una buena idea gastar el dinero en un viaje a Japón.

En la estación de tren Abel Morán, como se llama el protagonista, se despide de su familia y sus amistades. Llega a San Francisco y espera el vapor que lo llevará a Japón. Mientras tanto pasea por la ciudad y nos ofrece una descripción muy detallada y puntualizada del lugar. Una semana después llega a Honolulu. Allí, Abel nos comenta que "percibió por primera vez a los japoneses en que pulula el archipiélago" (11).[78] Aquí vale notar que en esa fecha (1907), y posiblemente hasta hoy en día, los occidentales no distinguen las características fenotípicas que diferencian a un japonés de un chino y/o un hawaiano. El antecedente histórico de dicha confusión proviene del siglo XII con la primera visita que Marco Polo hizo a la China y al subsiguiente desconcierto asociado a la palabra Cipango. Dicho error también fue hecho por Cristóbal Colón en su primer viaje cuando creyó que había llegado a Asia.

Días después en el mar, Abel Morán llegó a "la estación de Shimbashi" (11) de noche y lo primero que notó desde la cubierta del vapor fueron el ruido y la cantidad de personas que según él "hormigueaba de pasajeros de kimonos y resonaba de uno a otro con el clac, clac, ríspido y bronco de las guetas" (12).[79] Al estar fuera de la estación, Abel Morán se monta en "un ligero kuruma, en el cual, por su ignorancia en requerir aquella clase de vehículos fue acomodado por el kurumaya de combo sombrero y corto impermeable de caucho" (12)[80] y éste según nos cuenta Rebolledo "no vió en beneficio sin duda su primera impresión de Tokio, ni las casas de techos apizarrados, ni los misteriosos ideogramas de los rótulos de las tiendas, no los transeúntes de enlutados haoris[81] y amarillos paraguas de papel de aceite, sino que fue transportado derechamente al Hotel Imperial" (13). Al llegar al hotel, Abel Morán se sorprendió de la vestimenta y del lenguaje hablado de las personas que trabajaban allí. El "criado, aunque delatando su raza por la oblicuidad de sus ojos, hablaba en inglés y estaba vestido, no de kimono" (13) sino que llevaba puesto un traje al estilo occidental. La descripción que nos da Rebolledo de la vestimenta occidentalizada del criado nos la proporcionó Gómez Carrillo cuando nos comentó sobre los cambios estéticos en la moda del emperador japonés. Al día siguiente, Abel Morán "encaminóse á la Legación de México á visitar al Ministro, para quien traía cartas de presentación" (13). Una vez en la sala de recibimiento, Abel Morán la describe así, "adornada con vitrinas de flechas, decorada con biombos de lanzas y recamada de todos lados de hileras de sables" (13). Lo cargado de esta sala nos recuerda al cuento de Rubén Darío *El Rey Burgués* en donde la acumulación y la posesión de los objetos, se debe al poder adquirir, más que a una estética.

Durante su estadía en Japón, Abel Morán también visitó el Yoshivara, el ya mencionado distrito rojo de Tokio. Sabía de antemano que dicha área le traería placer y diversión. Sin embargo, como al protagonista de *Nikko*, este espacio le produjo tristeza. En el camino de paseo, Abel y sus amigos llegaron a una de las casas de té. Todos los amigos de Abel, el brasilero, el holandés y el belga entraron, y como era la primera vez de Abel, este último tuvo que pagar por la almohada, es decir, pagar la entrada, lo que a la vez le permitió escoger la geisha de su gusto.[82] Después de una breve espera, el grupo de geishas entró y saludaron muy formalmente a los distinguidos invitados. Ellas se sentaron "con mucha compostura, tendiendo las manos breves y cuidadas hacia las tazas del indispensable té verde" (29), dando lugar al comienzo del cortejo entre los jóvenes.

En la misma novela, Rebolledo publica una carta dirigida a don Justo Sierra. En ella, el señor Sierra le pide a Rebolledo que le fuera "servido de sugerirme que estampara algunas de mis impresiones de viaje y, obedeciendo á tan benévola sugestión, me complazco en enviar á usted un puñado de hojas de bambú" (30). Rebolledo por primera vez en las tres novelas nos describe a Tokio de la siguiente manera: "Tokio es una ciudad inmensa, en cuyo perímetro, cubierto de efímeras casas de madera é inmarcesible jardines, vive una población de dos millones de habitantes… la gente más pacífica, más dócil, más risueña, más cortesana" (31).[83] También le comenta a Justo Sierra que en los alrededores de Tokio no hay mucha variación para el viajero que quisiera conocer. En su recorrido, Abel le comentó a su destinatario que visitó el palacio del Emperador, describiéndolo como una "maravilla del arte" (32). Sus imágenes no son muy poéticas y coloridas como las de Tablada y Gómez Carrillo, sino que son mucho más directas y al punto. También le comentó al señor Justo Sierra que se dirigió a "Nikko" (32) donde visitó los templos religiosos y que de allí visitó "el Palacio de Kioto" (32) y conoció los distintos salones imperiales.

El tono de la carta es muy neutral. Sus descripciones no son vastas y llenas de colores e imágenes exóticas, como lo habían sido las de los escritores europeos e hispanoamericanos que viajaron antes que él. La representación del espacio japonés presentado por Abel Morán, alter ego de Efrén Rebolledo, contiene imágenes que se asemejan a la estampa del verdadero y cotidiano paisaje japonés.

Después de un largo e interesante viaje por los alrededores de Tokio, Abel Morán se encuentra de regreso en su hotel con muchos periódicos y cartas. Una de las cartas que le llamó más la atención fue la "de sus padres, de sus hermanas, de su novia y de sus amigos" (37). En la carta, "su familia instábale que volviera, su novia amenazábalo con enojarse y decíale ingenuamente que la había olvidado por las japonesas" (37) y más adelante cuando empezó a leer los periódicos, todos lo llenaban "de añoranzas por el terruño distante" (37). Abel Morán se puso muy nostálgico, y mientras miraba a través de su ventana las actividades cotidianas de los japoneses, todo el marco le hace pensar en su México. En ese mismo instante recordó el acto bondadoso de su padre, "llamó al criado pidiéndole el *Japan Times* para informarse de la salida de los vapores, y se decidió por el primero que zarpaba para Seattle de allí a una semana, sin reparar ni un momento en los quince días de monótono viaje" (39). Días después, Abel Morán se encuentra en el puerto, despidiéndose de sus temporarias amistades. La simple imagen de las gaviotas volando encima del puerto hace de esta escena, una muy poética porque Rebolledo nos está comparando las gaviotas con las personas reunidas en el puerto y siente mucha nostalgia porque, a pesar de su interés por dejar el lugar, sabe que tal vez nunca podrá regresar y ver a sus amigos.

Antes de partir, Abel Morán es invitado a una fiesta en la Embajada alemana y en el baile conoce a la señorita Flasher. Ambos se divierten y sienten una mutua atracción, pero como él zarpaba en varios días no quiso entablar una relación. En el trasatlántico se encuentra con la misma señorita y continúan la conversación. Ambos se sienten cómodos y comparten mucho tiempo junto. Abel Morán se enamora y le propone una relación amorosa. La señorita Flasher lo rechaza, y así pasaron varias noches conversando hasta que una noche ella le pregunta si él estaba dispuesto a casarse con ella. Abel Morán no supo cómo responderle, con el resultado de que ella se aleja y no se ven en toda la travesía. Llegan a Seattle y cada uno toma una ruta distinta.

La descripción del viaje de regreso hacia el país natal del escritor es otro elemento que diferencia esta novela de las otras. Las crónicas trabajadas en este estudio no tenían esta perspectiva. Algunas describían la fascinación del viajero por experimentar todas las maravillas artísticas y culturales que el Oriente les brindaba. Otras narraban las sensaciones sensuales y sexuales despertadas por las mujeres japonesas, especialmente, las geishas. Pocas, casi ninguna ofreció una crítica y comunicación por parte de familiares y amigos durante la travesía por el Lejano Oriente, y por eso no se creó una conciencia de remordimiento en el viajero. Todas las crónicas analizadas no ofrecieron un transfondo en la vida personal del viajero-cronista. En cambio con el personaje de Abel Morán, Rebolledo le presentó al lector un tono personal y más informativo de su estadía en el Lejano Oriente, aumentando de esta manera la fascinación y el deseo de explorar Japón no sólo artística sino cultural y étnicamente.

Efrén Rebolledo fue uno de los últimos escritores de fines del siglo XIX y comienzos del siglo XX en seguir la tradición creativa e innovadora de los escritores modernistas quienes a través de su imaginación y de sus deseos de explorar nuevos territorios, tanto en papel como en persona, construyeron una imagen fiel, pero creativamente moldeada a los gustos y disfrute del exotismo del autor y del lector hispanoamericano.

Después de que Tablada y Gómez Carrillo regresaron del Japón, otros viajeros se entusiasmaron para emprender el viaje. Efrén Rebolledo fue uno de los que viajó al Japón con cargo diplomático. Su principal trabajo era el de establecer comunicación diplomática, comercial y cultural entre México y Japón. Dichas actividades fueron su labor esencial. Sin embargo, Rebolledo también documentó sus experiencias en tres distintos libros. Cada texto ilustra una etapa diferente de su estadía en Japón. El primer libro *Rimas japonesas* se compone de una colección de poemas en el cuál él le comunica a sus lectores sus primeras experiencias al llegar al Japón. Muchas de estas imágenes se asocian a las preconcebidas de aquellos escritores-viajeros que se embarcaron en la travesía por el Lejano Oriente.

Su segundo texto *Nikko* nos expresa un conocimiento más vasto de la cultura japonesa. Sus escritos contienen más profundización y desarrollo. Sus reflexiones socioeconómicas y culturales le ayudan a que México y Japón tengan un mejor entendimiento creando así un intercambio beneficioso para ambas naciones. Además, es aquí en donde Rebolledo nos asegura que antes de viajar al Lejano Oriente, él ya tenía una visión preconcebida de Asia como los viajeros anteriores a él, pero que con tiempo sus perspectivas concebidas relatarían un Asia diferente que se concibió antes de viajar.

Su tercer texto *Hojas de bambú* nos relata la historia de un joven quien después de graduarse se embarca en una travesía por el océano para llegar a Japón. Este texto está asociado al viaje y a las aventuras del mismo autor. Lo interesante de este relato es que de principio a fin podemos analizar los distintos usos e interpretaciones de los espacios preconcebidos, concebidos y vividos. Dos de los elementos más desarrollados en este texto es la imagen del Joshivara y la mujer japonesa, en especial la geisha. El espacio del Yoshivara es un espacio preconcebido a través de los escritos de Tablada y Gómez Carrillo como un lugar exótico, en donde las fantasías se hacen realidad. Una vez en Japón, Rebolledo lo visita y lo experimenta. Este espacio entonces es concebido y vivido ya que él nos lo describe según sus experiencias socioculturales y económicas. Respecto a la descripción de la mujer japonesa, Rebolledo se enfoca en la creación artística del kakemono como traje representativo y decorativo de la mujer japonesa. Los tres textos de Efrén Rebolledo muestran las diferentes etapas del aprendizaje sociocultural de la experiencia de un viajero-escritor occidental al Lejano Oriente, en especial al Japón. También nos muestra y nos confirma los distintos niveles interpretativos utilizados para definir no solo los espacios físicos sino culturales y socioeconómicos de una cultura y un país.

CAPITULO CINCO

EL LEGADO ASIATICO EN LA LITERATURA HISPANOAMERICANA

>...El estilo del deseo es la
> eternidad...

> Jorge Luis Borges

El argumento principal de este proyecto se centra en indagar en los procedimientos usados por los escritores modernistas para construir literariamente el espacio físico, cultural y social asiático en sus crónicas y diarios de viaje. Partimos de la hipótesis que la construcción del espacio se basa en las descripciones de imágenes adquiridas por medio de previas lecturas por algunos, y por medio de experiencias vividas por parte de otros. Un componente fundamental de esta investigación consiste en analizar tanto el discurso de los escritores que viajaron a Asia, como el de los que no se embarcaron en la travesía, y tan sólo centraron sus experiencias en las lecturas. Las diferencias observadas son muy sugerentes. Por un lado, los escritores que no viajaron presentan imágenes discordantes con la realidad expuesta por aquellos que estuvieron in situ. El discurso de los primeros escritores sólo ofrece imágenes exóticas y preciosistas que no hacen más que estimular la imaginación ya existente. Por el otro lado, si bien el primer impulso al viaje fue inducido por las lecturas, las preconcepciones de los cronistas que realizaron el viaje sufrieron un cambio al enfrentarse a la realidad asiática. Como consecuencia de ello, observamos que para aquellos que en un principio buscaron describir el exotismo basado en lo leído e imaginado, terminaron describiendo y centrándose en el aspecto cotidiano del país visitado.

En este estudio no se hizo referencia al Oriente árabe-musulmán. La distribución geográfica del Lejano Oriente consiste de China, Japón Corea, Singapur y Vietnam. Nuestro propósito no fue el de ampliar ni de abordar los conceptos de Oriente, sino de reflejar a través de las crónicas y los relatos de viaje, la realidad visual del espacio asiático concebido y vivido por los escritores y cronistas que la imaginaron, de aquellos que la habían vivido en persona. En nuestro análisis demostramos cómo los cronistas que viajaron con nociones previas llegaron a la conclusión de que las imágenes preconcebidas no reflejaban la realidad visual del espacio oriental concebido.

El marco teórico que encuadra el argumento de este trabajo se nutre de dos fuentes. Para analizar la construcción del espacio oriental en las crónicas nos apoyamos en las ideas que Benedict Anderson expresa en *Imagined Communities* (1987), con el objetivo de dilucidar si el discurso de los escritores que no viajaron, responde a la invención y a la creación de lo que el crítico denomina "comunidades imaginadas." Anderson las define como una comunidad política imaginada limitada y soberana (24). También agrega que estas comunidades deben ser distinguidas, no por su falsedad o autenticidad, sino por la forma en que son imaginadas (Anderson 24). Siguiendo con la misma idea, el crítico sostiene que dichas comunidades son imaginariamente limitadas, porque todas tienen un espacio geográfico definido (Anderson 24-25). Es válido recalcar que las comunidades descritas en las crónicas y en los poemas de aquellos escritores que no emprendieron el viaje son imaginadas porque el concepto surgió durante la época de la Ilustración y la Revolución francesa. La comunidad del Lejano Oriente fue imaginada como tal porque a pesar de las diferencias y desigualdades entre sus componentes, la nación siempre se concibe con una "profunda y horizontal camaradería" (Anderson 25). Es esta camaradería la que conduce y une a los escritores, viajeros y cronistas hispanoamericanos a seguir imaginando y creando una visión exotista y deslumbrante del Lejano Oriente.

Al analizar las crónicas y los relatos de viaje de escritores hispanoamericanos a través del concepto de comunidades imaginadas podemos visualizar y contextualizar la imagen que tenían del Lejano Oriente; por lo tanto, dichas "comunidades deben ser distinguidas... por el estilo en que son imaginadas" (Anderson 1991: 3). Es decir, cada escritor y poeta construía su propia interpretación del espacio físico y cultural asiático por medio de una representación pictórica o imágenes conceptualizadas a través de la lectura de un poema. Dicha construcción varía de la percepción, de la experiencia y del significado artístico que el autor desea transmitir de Asia a sus lectores. El artículo de Michel Foucault *Of Other Spaces* (1986) nos permite formular un acercamiento al concepto del espacio en las crónicas y los relatos de viajes de los escritores hispanoamericanos que ya tenían una visión del espacio asiático. El artículo establece la diferencia entre nuestra presente conceptualización del espacio y las nociones cartesianas del mismo. Al señalar las dinámicas inherentes de la noción del espacio común, Foucault explica que, "el sitio es definido por las relaciones de proximidad entre puntos o elementos. Sin embargo, según Foucault, el espacio toma las relaciones de la forma entre sitios" (23). Dichas perspectivas nos permitirán analizar la construcción del espacio en el cual el cronista vive, experimenta y desarrolla su idea de lo oriental desde su propia perspectiva.

Para cuestionar la construcción espacial de Asia recurro a las teorías del espacio empleadas por el geógrafo francés Henri Lefèbvre. En *The Production of Space* (2004) Lefèbrve introduce una distinción entre el espacio concreto y el abstracto. El espacio concreto es el de los ademanes y el de la travesía del cuerpo, la memoria, de los símbolos y de los sentidos. El espacio abstracto es la construcción del espacio en papel que se divide y clasifica según los niveles de los espacios vividos.

Debemos agregar que el espacio es una construcción mental y material, y por lo tanto, esto nos provee con un tercer término que fluye de los polos de concepción y percepción, con esto nos referimos a la noción de lo vivido. Es decir, Lefèbvre establece una distinción entre la práctica espacial, la representación del espacio y el espacio de representación como espacios que abarcan múltiples intersecciones que contienen sus ubicaciones asignadas (33). Según Lefèbvre, la práctica espacial es la utilidad del espacio y la relación entre la percepción, la realidad y la rutina diaria de la sociedad en ese espacio. Dicho concepto se relaciona con la experiencia cotidiana del autor que está asociada con su percepción, y con la representación del sujeto asiático, la naturaleza, la ciudad y los objetos orientales descritos en las crónicas y en los poemas de aquellos escritores que no viajaron al Lejano Oriente. Lefèbvre también sostiene que la representación del espacio se forma a través de signos y números. Este espacio comprende el de la planificación urbana de los arquitectos y el de algunos artistas. El espacio de representación provee el espacio existencial o vivido por medio de asociaciones de símbolos e imágenes. Esta distinción entre los tres espacios (percibidos, concebidos y vividos) es la que según Lefèbrve se relacionaría con la literatura. En relación a nuestro estudio, el espacio de representación viene a ser las crónicas y los relatos de viajes de aquellos escritores que emprendieron la travesía al Lejano Oriente para ampliar sus conocimientos previamente adquiridos a través de la lectura.

Este esquema lefebvriano presenta una unión entre espacio físico, mental y social. El primero toma la forma física del espacio, el espacio real, un espacio que es generado y utilizado. La segunda forma del espacio es la del conocimiento, la lógica, los mapas, las matemáticas, el espacio instrumental de ingenieros civiles, de exploradores urbanos y de navegadores y exploradores. La tercera percibe el espacio producido y modificado con el transcurso del tiempo a través del uso de símbolos y significados. Por ejemplo, China y Japón y/o el Lejano Oriente es concebido, diseñado y producido a través del trabajo mental, la tecnología y las instituciones. Pero el significado del espacio y el propio espacio en sí, es adoptado y transformado tal cual es percibido y vivido por grupos y clases sociales que han visitado y experimentado el Lejano Oriente, ya que el uso del espacio sociocultural es destinado y diagramado según la clase y los planes sociales en que se reproducen. En la misma línea W. J. T. Mitchell en *Landscape and Power* (2002) explica que: "landscape is a medium not only for expressing value, but also for expressing meaning, for communication between persons" (15). El espacio en definitiva es una construcción social e ideológica.

La producción estética del espacio se encuentra en la experiencia social, es decir, el viaje intelectual o el físico, que produce y fomenta la creatividad necesaria para que el escritor construya el espacio físico imaginario en sus textos. Esta experiencia social siempre es ideológica según Louis Althusser quien en su artículo *Ideology and Ideological State Apparatuses* (1965) sostiene que: "la ideología es la representación imaginaria de las relaciones individuales de sus verdaderas condiciones de existencia" (155). Siguiendo este pensamiento, se deduce que toda representación del espacio asiático es ideológica, ya que el cronista reproduce las condiciones imaginadas de la existencia de un determinado espacio. La representación del espacio es en sí mismo un ejercicio ideológico que se produce por la experiencia histórica, social, económica y cultural del viajero.

Si el espacio asiático se generara a través de la experiencia social, la representación del espacio poseería el potencial de convertirse en un mecanismo ideológico de producción de un espacio discursivo propio, determinado por sus condiciones reales de existencia. Por eso es importante establecer la diferencia entre los cronistas que viajaron al Lejano Oriente frente aquellos que no hicieron la travesía. Los que viajaron llevaron consigo la ideología establecida por su tiempo y clase, y en ciertas ocasiones, buscaban la misma Asia descrita en las crónicas leídas. Pero más importante aun, debemos enfatizar la existencia de cronistas que desmintieron el discurso ideológico establecido en las crónicas tradicionales y describieron a Asia desde su discurso contestatario.

El magnetismo que se produjo en el imaginario europeo hacia el Lejano Oriente se remonta al principio y a la segunda mitad del siglo XIX. Literariamente en Hispanoamérica, el evento más sobresaliente del siglo XIX fue la publicación de la primera novela hispanoamericana *El periquillo sarniento* (1816) de José Joaquín Fernández de Lizardi. En ella el autor narra la travesía y las aventuras del periquillo desde Acapulco a Manila y las vicisitudes que atraviesa en su camino. Otro evento histórico que ayudó a expandir el interés por Asia fue la confrontación ruso-japonesa de 1905. Este suceso dejó atónitos a los países occidentales. Los japoneses derrotaron a Rusia, y esta última invadió partes de Corea y Manchuria. La guerra comenzó el 18 de febrero de 1904 después de un ataque sorpresa. El 5 de septiembre los Estados Unidos lograron que se firmara un tratado de paz.

Otro acontecimiento sociocultural que capturó la fascinación del escritor europeo, en especial al hispanoamericano por artefactos provenientes del Lejano Oriente fueron las exposiciones y ferias de artes asiáticas en la gran metrópolis del siglo XIX, París. Exposiciones como la *International Exhibition* de Londres en 1862 y las *Expositions Universelles* de París llevadas a cabo de 1867 a 1889, y en Viena en 1873, ofrecieron las primeras muestras de pinturas y objetos artesanales de la cultura artística oriental al espectador hispanoamericano y europeo (Conte-Helm 21). Además, la cultura occidental disfrutó de largas horas de lecturas producidas por escritores y viajeros europeos e hispanoamericanos que viajaron a Asia para experimentar el exotismo, el paisaje, los objetos decorativos y la sensualidad que poseían "las damas pintadas" en los lienzos y en los escritos de sus lecturas. En Hispanoamérica el gusto por el Lejano Oriente llegó a través de escritores franceses como los hermanos Goncourt y Pierre Loti que también se desempeñaba como oficial de la marina francesa y viajó al Japón en 1885. Años después escribió *Madame Chrysanthème* (1893) donde relata la aventura amorosa de un marinero con una "mousmé." El escritor británico Rudyard Kipling viajó al Japón en dos ocasiones distintas, 1889 y 1892. Kipling en sus cartas describe el horror del avance industrial europeo en el Japón y la subyugación del japonés frente a los intereses económicos de los estadounidenses y de los británicos. Dichos relatos permitieron que el lector se familiarizara con Japón antes de visitarlo.

Un gran escritor y viajero-cronista fue Enrique Gómez Carrillo que viajó al Japón en 1905. El Japón descrito en las crónicas de Gómez Carrillo no es el mismo Japón experimentado y vivido en los textos de aquellos escritores que no viajaron. El autor describió lo que leyó incluyendo las experiencias y las atracciones experimentadas por Loti y Kipling. Incluso, algunos de los acontecimientos provienen de las imágenes que ya había experimentado en sus lecturas sobre Japón. El discurso del significado de lo oriental en los relatos de viaje de Loti y Kipling, había formado en Gómez Carrillo una base ideológica de cómo el Occidente ha imaginado y transformado la imagen del Lejano Oriente. Imágenes y experiencias como éstas ayudaron a formular las percepciones preconcebidas del Lejano Oriente por parte del mundo occidental.

Edward Said explica que todo escritor y cronista que escribe sobre el Oriente, en nuestro análisis, Asia y/o el Lejano Oriente, asume y emplea cierto conocimiento previo sobre el cual se expande y confía (20). Todo viajero ya poseía una noción preexistente de Asia. Sin embargo, los espacios percibidos y vividos, difirieron de su previa concepción de Asia. Partiendo de esta diferencia argumento que el cronista compara y contrasta las imágenes orientales y las sensaciones percibidas en el Lejano Oriente con las representaciones preconcebidas y manifestadas en la construcción y la repetición de símbolos y sujetos orientales. La travesía por el Lejano Oriente se experimenta y se construye en los textos de José Martí, Julián del Casal, Rubén Darío, José Juan Tablada, Enrique Gómez Carrillo, Efrén Rebolledo, entre otros. Estos autores construyen y representan la imagen del Lejano Oriente como un espacio original y de encuentro cultural donde las imágenes y los paisajes son representaciones conformes a las imágenes percibidas y vividas.

Sin embargo, no todos los autores tuvieron la oportunidad de viajar al Lejano Oriente. Muchos escribieron sobre el exotismo, el misterio, la sensación y la ilusión que les producía la presencia y la visión de un objeto o una pintura proveniente de Asia. Otros viajaron como corresponsales de noticias. José Juan Tablada fue uno de los primeros cronistas mexicanos que fue enviado al Japón por la *Revista moderna* para escribir periódicamente sus interpretaciones en una serie de crónicas que luego fueron publicadas con el título de *En el país del sol* (1919). Gómez Carrillo viajó al Japón auspiciado por los periódicos *La Nación* de Buenos Aires y *El Imparcial* de Madrid y Efrén Rebolledo quien desde 1907 a 1912, fue enviado por el gobierno mexicano como segundo y primero secretario de la Delegación mexicana a Tokio, encargado de los aspectos de negocios entre México y Japón para remitir asuntos consulares, trámites administrativos y cortesía diplomática. Otros como Arturo Ambrogi y Amado Nervo (autores no incluidos en este proyecto, pero que se analizaran en futuros estudios) viajaron por sus propios medios para experimentar las sensaciones preconcebidas de los textos leídos. Arturo Ambrogi escribió *Sensaciones del Japón y de la China* (1915) y Amado Nervo *El estanque de lotos* (1927).

El cronista una vez que se establece en Asia, percibe y vive el espacio oriental de manera muy distinta a sus connotaciones previas. El discurso se construye con las descripciones de imágenes y de símbolos europeos e hispanoamericanos, produciendo así una sensación de nostalgia y de familiarización que vincula al lector con imágenes occidentalizadas en sus lecturas de Asia. Esta perspectiva no se expresa en la escritura de los cronistas que imaginaron y construyeron el Lejano Oriente sólo mediante la lectura. Los espacios físicos, culturales y sociales asiáticos que se describen en estos textos son los espacios reales y no los espacios preciosistas y exóticos inducidos por una lectura superficial. Estuardo Núñez en *La imagen del mundo en la literatura peruana* (1989) explica que Asia es "una imaginación enardecida por las lecturas literarias y los gustos finiseculares" (230). Said por su parte comenta que el Oriente es "una invención europea y, que desde la antigüedad había sido escenario de romances, seres exóticos, recuerdos y paisajes inolvidables y experiencias extraordinarias" (19). La literatura proveniente de la europea del siglo XIX y XX construyó a su percepción una imagen de Asia. Por su lado, los escritores hispanoamericanos, en espacial, los modernistas asimilaron dichas impresiones y desarrollaron sus propias interpretaciones de la cultural asiática.

El orientalismo modernista del siglo XIX florece a través de las crónicas de viaje de José Juan Tablada y Enrique Gómez Carrillo hacia Japón y otras regiones del Oriente Medio. Sin embargo, dicho progreso fue inicialmente presenciado en la novela *El periquillo sarniento* (1816) de José Joaquín Fernández de Lizardi. Varios siglos después surge en los escritos de José Martí, uno de los primeros escritores hispanoamericanos del siglo XIX en contemplar y asociar el proceso de modernización del Japón junto al de Hispanoamérica.[84] Además de los escritos de Martí, las crónicas y la poesía de Julián del Casal,[85] y los cuentos de Rubén Darío[86] fueron los que destacaron y expandieron las construcciones, las representaciones y las interpretaciones de los espacios concebidos, los sujetos y los objetos orientales en sus escrituras. Muchas de las descripciones de los paisajes naturales y culturales, junto a las representaciones de objetos y sensaciones orientales, se basaron en las lecturas y en las inspiraciones provenientes de textos literarios, históricos y artísticos.

Una noción diferente a la anterior se puede leer en las crónicas de Tablada y Gómez Carrillo, quienes vivieron temporalmente, un periodo de 6 a 12 meses, en Japón como corresponsales de noticias, y pudieron reflejar en sus escritos el encuentro con Asia, sus habitantes y sus fachadas socioculturales y artísticas de manera más fidedigna. José Martí, por su lado, construyó un Asia fuera del contexto geográfico asiático en sus *Escenas norteamericanas*. El conocimiento de Martí proviene de su experiencia directa y del contacto con la cultura china emigrada a Nueva York. El contacto directo del escritor con la cultura asiática nos lleva a una diversidad de textos y crónicas de viajes que conceptualizan Asia de modos diferente a la de aquellos escritores que no viajaron. Es aquí donde se comparan y se contrastan las diferencias y las semejanzas de lo que Beatriz Colombi denomina "viajero intelectual,"[87] ya que los relatos de este viajero sólo ofrece descripciones superficiales y ligeras de los objetos artesanales y de los paisajes pintados en cuadros y grabados provenientes de Asia.

El escritor que viajó a China y/o a Japón construye una nueva versión del Lejano Oriente. El discurso del espacio percibido y vivido en las crónicas de José Juan Tablada, Enrique Gómez Carrillo, y Efrén Rebolledo, entre otros, presentan diferencias en la poesía, las crónicas y los periódicos previo al viaje hacia el Lejano Oriente. Muchas de las perspectivas empleadas por los autores y cronistas del siglo XIX fueron reformulándose a medida que los lectores-viajeros experimentaban las sensaciones y el espacio físico asiático descritos por aquellos a quienes habían leído.

La aproximación al concepto del "orientalismo modernista [hispanoamericano] indudablemente difiere de aquel que critica Said porque nos ofrece una alternativa mucho más plural y abierta que dialoga con el Oriente y con el discurso oriental europeo" (31) según, Tinajero. La vigencia del orientalismo modernista continúa en los textos de escritores y de viajeros hasta hoy en día. La construcción de Asia en la literatura hispanoamericana de fines del siglo XIX y comienzo del XX es esencial ya que los escritores modernistas aportaron una nueva y renovada visión de las ideologías decimonónicas respecto a las leyendas y mitos asociados con la belleza y el exotismo Oriental. Asia para los que viajaron y la experimentaron no es la misma que percibieron en las lecturas. Es decir, la experiencia del cronista-viajero a través del viaje le ha permitido evolucionar y moldear a su gusto las imágenes. Las hace cada vez más reales, debido a que el propio cronista-viajero las va descifrando y transmitiendo con nuevas alternativas y puntos de vistas, mientras se traslada por las distintas regiones y países en el Lejano Oriente. El Lejano Oriente hasta hoy en día se sigue visualizando a través de los artefactos artísticos y culturales proveniente de todas partes de Asia. El escritor contemporáneo mantiene la misma pasión y determinación por conocer Asia.

BIOGRAFÍA

León Chang Shik nació en Caracas, Venezuela. Recibió su Licenciatura en Español de la Universidad de Wisconsin-Milwaukee en 1996. En el 2000 obtuvo su Maestría en literatura hispanoamericana de Marquette University. En Florida State University, él obtuvo su doctorado en filosofía en estudios hispánicos. En el presente, trabaja como profesor asistente de español y literatura Hispanoamericana en Claflin University, una universidad históricamente afroamericana en Orangeburg, SC en el Departamento de Inglés e Idiomas Extranjeros. Sus áreas de investigación son los siglos XIX y XX en la literatura Hispanoamérica, modernismo, estudios de la diáspora, literatura de viaje y estudios post-coloniales.

ENDNOTES

1   Todas las traducciones del inglés son nuestras.

2   Véase *Historia de la literatura hispanoamericana: de los orígenes a la emancipación.* Editorial Alianza: Madrid, 2002.

3   Juan Francesco Gemelli Carrera nos menciona la presencia del sujeto asiático a bordo de los barcos cargueros. Dichos barcos sólo cargaban mercancías.

4   Véase el artículo de Luís Monguió, *De la problemática del modernismo: La crítica y el cosmopolismo, Estudios críticos sobre el modernismo,* ed. Homero Castillo. Madrid: Gredos, 1979, 245-66.

5   Véase las *Escenas norteamericanas* de José Martí. Martí en dichos escritos expresa que Nueva York es el lugar más céntrico del mundo y por lo tanto el centro de la modernidad. Los relatos localizados en los siguientes volúmenes (9:443), (12:312) y (13: 373) muestran los cambios que dicha modernidad le han dado a Nueva York.

6   En la novela de Lizardi es donde se narra por primera vez la presencia del sujeto chino. Sin embargo, tanto Juan Pérez de la Riva en *Demografía de los culíes chinos (1853-1874)* (1996) como Napoleón Seuc en *La colonia china de Cuba (1930-1960)* (1998) documentan a través de las estadísticas recolectadas por el *Boletín de colonización* de mayo de 1874 que los chinos llegaron a Cuba en 1847-8 como "culíes, obreros manuales contratados por ochos años para reemplazar a los esclavos negros" (Seuc VII).

7   Rubén Darío rinde tributo a Gautier en su cuento *La emperatriz de la China* y en su poema *Divagación* en *Prosas profanas.* Ver Obras Completas, V. Madrid: Afrodisio Aguado, 1953, 709-19 y 771-772.

8   Véase los estudios de Guillermo Díaz Plaja, *Modernismo frente a noventa y ocho*; Rafael Ferreres, *Los límites del modernismo.* Además hay un reciente estudio que todavía mantiene la definición del modernismo de

los años setenta. Véase el estudio de Víctor Sosa, *El oriente en la poética de Octavio Paz*.

[9] William de Rubruck (1210-1270) un monje franciscano de origen flamenco fue el primer viajero en describir el encuentro entre los europeos y los mongoles en 1253.

[10] Odoric de Podenone (1286-14 a enero de 1331) fue uno de los viajeros más importante de La Edad Media. Las descripciones de su visita a China formaron la fuente principal para las narraciones de John Mandeville. Ordoric nació en Villa Nuova, una aldea cerca del pueblo de Perdenone en Friuli. Según los biógrafos eclesiásticos Odoric de Perdonone tomó los votos del orden franciscano y se unió a un convento en Udine. El fraile Odoric fue enviado a Asia en viajes misioneros alrededor de 1316 a 1318, y no volvió hasta los fines de 1329 o principio de 1330; pero las fechas que se deducen de su narrativa y otras evidencias es que estaba en la India occidental poco después de 1321. También pasó tres años en China entre 1325 a 1328.

[11] Véase Marco Polo *Libro de las cosas maravillosas* (1477) Madrid: Sociedad de Bibliófilos Españoles, 1947.

[12] Hoy en día, dicho texto se conoce como *Los viajes de Marco Polo*. Para nuestro análisis empleamos la versión actualizada del texto de Marco Polo.

[13] El editor de *Las mil y un noches* L. Pérez de las Reyes explica que hubo muchos manuscritos y muchas ediciones que aseguraban que tenían los documentos originales para reproducirlo. Sin embargo de las Reyes comenta que las ediciones más importantes son las siguientes: "Las de Calcuta (1814), fragmentaria, por haberse perdido parte en un naufragio. Las de Breslau (1826), inmensa de doce volúmenes, que dice valerse de un manuscrito de Túnez y de la Bulaq o El Cairo (1835), basada en un manuscrito local" (7).

[14] En el caso de Martí se puede afirmar que su experiencia con las culturas y las tradiciones chinas se relacionan a su estadía en la ciudad de Nueva York donde experimentó a primera vista el intercambio cultural de esta comunidad. Los relatos de dicha experiencia e intercambio cultural se

encuentran en las *Escenas norteamericanas* en los volúmenes 9, 10 y 11 de sus obras completas.

[15] Hasta cierto punto, el proceso de modernización en hispanoamericana coincide con la de Japón en 1868 con el comienzo de la Era de Meiji. La moda "japonisme," es decir, la representación de la cultura japonesa en Europa y en Hispanoamérica confirma que el contacto entre Hispanoamérica y Asia a finales del siglo XIX era más estrecha de lo que se piensa.

[16] Véase el poema *Kakemono*.

[17] Véase los cuentos de *El rey burgués* y *La muerte de la emperatriz de la China*.

[18] Véase al libro de Ivan Schulman y Manuel Pedro González, *Martí, Darío y el Modernismo* (1974), en especial el artículo de Schulman "Reflexiones en torno a la definición del modernismo".

[19] La edición consultada y citada fue publicada en 1975 en Barcelona por la editorial Seix Barral.

[20] La edición consultada y cita publicada en 1978 en México por Fondo de Cultura Económica.

[21] Los europeos llegaron al Japón por primera vez al final del período Ashikaga en 1588 tratando de introducir el cristianismo y factorías comerciales. A finales del siglo XVI, varios grupos de caudillos militares (Oda Nobunaga Toyotomi Hideyoshi y Tokugawa Ieyasu) comenzaron una serie de guerras que unificaron todo el archipiélago japonés en menos de 25 años. El Shogunato Tokugawa gobernó al Japón desde 1604 a 1867. Tokugawa Ieyasu, el líder de los shogunes consideró que la nueva religión atentaba contra las creencias japonesas y emprendió una interminable persecución expulsando a todos los comerciantes occidentales de Japón, salvo a los holandeses quienes les fueron permitidos permanecer en la isla de Deshima, cerca de Tokio en aislamiento. En general, los japoneses experimentaron un proceso de "retorno a las raíces". Sin embargo, en 1853, el capitán estadounidense Matthew Perry entró en la bahía de Tokio con cuatro cañoneras amenazando con bombardear los puertos

japoneses. Esta acción obligó a los shogunes a abrir sus puertos y establecer relaciones comerciales con los Estados Unidos. En 1867 el Mikado Tenno obtuvo poder del gobierno destituyendo al último shogun Tokugawa e impuso las reformas de la era Meiji. Con estos cambios en la estructura política y socioeconómica, Japón comenzó a abrir sus puertas en 1868 al mundo occidental después de haberse aislado por trescientos años. La occidentalización de Japón incrementó la necesidad del país de obtener materias primas.

[22] Dicho autor era uno de los muchos soldados españoles enviados en la primera expedición a China. El manuscrito está compuesto de dos partes. La primera describe los eventos sucedidos para realizar el viaje. La segunda es un relato de sus experiencias personales más las lecturas realizadas sobre la cultura del país que visitó. Además, Moncó comenta que ella misma ha "manejado y trascrito el manuscrito incluido en la colección Salazar de la Academia de la Historia que consta de treinta y ocho folios. Con anverso y reverso, y doble numeración. Existe otra copia del mismo en la Biblioteca Nacional de Madrid" (569-570).

[23] Este texto consta de dos partes. La primera es una narración de los eventos ocurridos en su travesía hacia y en China. La segunda corresponde a la parte artística. Es decir, el autor dibuja los ornamentos de vestimenta, especialmente el bonete y el traje que distinguen a los miembros de la clase media y alta. Incluso, dicha vestimenta también diferencian los diferentes tipos de oficios que cada persona desempeñaba en la sociedad. Moncó, en una nota a pie de página comenta que el texto fue editado por ella misma. Dicho manuscrito fue publicado por la Editorial Alianza con el título de *Viaje de la China* (1991).

[24] Se conoce como "culíes" a los trabajadores chinos provenientes de todas las provincias de la China que llegaron a Cuba bajo un contrato de paga. La idea detrás de esta masiva inmigración amarilla fue la de re-emplazar al esclavo negro en las plantaciones azucareras; pero muchos, no todos también terminaron trabajando como sirvientes domésticos.

[25] Este comercio se lleva a cabo en las "naos", también conocidas como las Carracas, fueron embarcaciones que se construyeron a fines de la Edad Media en Europa. De origen ibérico, el término Nau o nave en portugués,

es el nombre con el cual se le identificó a dicho navío en el mundo de habla hispana y portugués, aunque fue con el término "Carraca" que se le conoció en el resto de Europa. El origen y el diseño de las naos tanto europeas como asiáticas surgieron de las galeras romanas, cuya propulsión provenía del viento o de remeros. Más adelante se producirá un cambio esencial para la navegación fue la incorporación del timón de popa como reemplazo de los timones de remo.

Tras el "descubrimiento" de América y los posteriores viajes de exploración y de expansión territorial tanto española como portuguesa en el Nuevo Mundo y en el Lejano Oriente, las naos fueron los navíos más importantes en acercar ambos hemisferios cultural y económicamente. Una de sus primordiales funciones fue el de la carga y transporte de tropas hacia las nuevas regiones. Debido a su constante uso en la marina europea y española, las Naos fueron reconstruyéndose hasta lo que se llegó a conocer como el galeón español e inglés de los siglos XVII y XVIII.

En el siglo XVI, tras la conquista de México y las Filipinas, España, expandió su control globalmente y estableció una ruta marítima que iba de China al puerto de Manila en las Filipinas, y de allí al puerto de Acapulco, México. Fue en este territorio, México donde se empleó el término - la nao de China o el galeón de Manila. La primera Nao zarpó en 1565 de Filipinas rumbo a Acapulco. Esta embarcación inauguró la ruta comercial que duraría hasta 1815. Por el otro lado del océano, las naos que partían de Veracruz iban cargadas de mercancías de Oriente procedentes de los centros comerciales de las Filipinas, más los metales preciosos y recursos naturales de México, Centroamérica y el Caribe. Estas Naos salían de Acapulco para las Filipinas circunnavegando por el norte del Océano Pacifico tras llegar a la corriente marítima de Kuro-Suvo, que les permitía navegar hacia el sur más rápidamente que los vientos provenientes de la costa. Dicha ruta marítima fue descubierta por el cosmógrafo español Andrés de Urdaneta.

[26] Los objetos y productos comestibles son: "estampas y pinturas, juguetes de todas clases, chinelas de bambú, canela, té verde y negro; dulce de jengibre y diversas frutas en almíbar; arroz de la India, del Japón y China; aguardientes de arroz, sagú y harina de sagú, curry en polvo, cordaje de todas clases de Manila; semilla de gusano de seda, correas de cáñamo,

alcanfor, aceite de casia, de anís y de menta; cañas de pescar, benjuí, laca
y tragacanto; cera blanca vegetal, polvos japoneses para dientes, semillas
de todas clases; plantas medicinales, fuego artificiales, algodón de China y
de la India, cajitas de laca, papel blanco y de colores, papel para envolturas,
papel para copiar; tápalos de seda, lisos y bordados; pañuelos de lino,
sombreros de paja de China y de Manila, tela blanca y azul de lino, ropa
hecha, tinta china negra, linternas de ébano y de papel, abanicos de
laca, sándalo, papel y bambú, toda clase de juegos como damas, ajedrez,
dominós rosarios, repisas, quitasoles, canastas, jarrones, tibores y tápalos
de la India" (54-56).

[27] Fuente Ballesteros también nos explica que el "libro clave, con toda su
propensión al exotismo, será el libro de *Madame Chrysanthème* (1887) de
Pierre Loti. Por otro lado, este país será el vehículo de introducción del
japonismo a través de las exposiciones Universales, a partir de la de 1867"
(105). Desde la perspectiva hispanoamericana, Enrique Gómez Carrillo y
José Juan Tablada son los escritores que dieron a conocer en toda plenitud
la cultura japonesa al mundo occidental.

[28] La expansión y exploración de los europeos por el mundo asiático comenzó
con la búsqueda de nuevas rutas hacia el Oriente, las islas de Cipango
(la actual Japón) Catay (hoy, China), india y las islas Malucas. De estas
regiones, Europa se proveía de sedas, porcelanas, telas finas, perfumes,
tapices y especias. La búsqueda por nuevas rutas antiguas fueron bloqueadas
por los turcos otomanos. Aquellos que lograban cruzar, tuvieron que pagar
altos impuestos y tributos. Otras razones por la expansión del territorial
fueron la escasez de la plata, único metal empleado para el intercambio
comercial con el Oriente. El renacimiento se había iniciado, produciendo
así una gran demanda por los metales preciosos en el diseño y construcción
de las artes decorativas.

[29] Rubén Darío seudónimo de Félix Rubén García Sarmiento, nació en San
Pedro de Metapa, Chocoyo, Nicaragua, el 18 de enero de 1867. Desde
muy joven demostró un gran talento por la escritura. En 1879, publicó su
primer poema, el soneto *La Fe*, y en 1880 aparecen sus primeros versos en
el diario *El termómetro*. Fue el poeta de la lengua castellana más influyente
e iniciador del modernismo literario o de la *Torre de Marfil* en el continente
americano. Entre sus obras más conocidas se destacan: *Epístolas y poemas*

(1885), *Abrojos* (1887), *Rimas* (1887), *Canto épico a las glorias de Chile* (1887), *Azul* (1888), *Primeras notas* (1888), *Los raros* (1893), *Prosas profanas* (1896), *España contemporánea* (1901), *Peregrinaciones* (1901), *La caravana pasa* (1902), *Tierras solares* (1904), *Cantos de vida y esperanza* (1905), *Canto errante* (1907) *Autobiografía* (1912), *Canto a la Argentina y otros poemas* (1914), *Poemas de otoño y otros poemas* (1916). Regresó a su país natal y murió en su *hogar*, en León, el 6 de febrero de 1916.

30 Véase los relatos de *Las mil y una noches*, *El diario de Cristóbal Colón* y *El periquillo sarniento* para mencionar algunas de las conexiones históricas que el mundo occidental ha establecido con el oriental.

31 Véase a Ángel Rama en *Los poetas modernistas en el mercado económico*.

32 Recordemos que el Oriente y/o el Lejano Oriente no es Asia solamente. *El diccionario de la lengua española de la Real Academia* (2001) nos explica que el Oriente es "Asia y las regiones inmediatas a ella de Europa y África" (1632).

33 Un buen número de los artistas del modernismo hispanoamericano buscaron su inspiración en los textos grecorromanos y franceses del siglo XIX para transmitir las maravillas del Lejano Oriente. Entre los textos empleados por dichos escritores, se encuentra el libro de Marco Polo, los estudios realizados por Edmundo de Goncourt y de Gozne sobre el arte japonés, las novelas de Loti que introdujeron al pueblo occidental los jardines de miniatura y las señoritas de Crisantemas, las historias japonesas de Lafcadio Herranz en donde describió los pinos enanos, las casas de papel, los templos de laca roja, el monte Fujiyama y la naturaleza nipona y otras imágenes exóticas del Lejano Oriente fueron las que expandieron los deseos por estudiar, descubrir y promover el interés socio-económico y cultural entre ambas naciones. Entonces, la visualización del espacio en "El Rey Burgués" no es oriental, tampoco asiática. Es decir, el espacio físico y artístico-cultural preconcebido en dicho cuento está compuesto de distintos emblemas decorativos y representativos de las diferentes naciones por las cuales se denominan como orientales o asiáticas.

34 José Martí seudónimo de José Julián Martí y Pérez nació en La Habana, Cuba en 1853 y vivió en España entre los años 1871 y 1874, fue deportado

a raíz de sus ideas políticas. Martí se dedicó a la poesía desde muy joven. Residió en México desde 1874 a 1877. Vivió en Guatemala. Contrajo matrimonio con Carmen Zayas Bazán, con quien tuvo un hijo, a quien plasmó en sus poesías, que llevan el nombre de *Ismaelillo* publicado en 1882. También vivió en Caracas y luego residió en Nueva York, donde trabajó como traductor de una editorial y colaboró con varios diarios y revistas, entre ellos "La Nación de Buenos Aires" demostrando su calidad como ensayista y prosista. En 1889 publicó *La Edad de Oro* – revista para niños. En 1890, Argentina y Paraguay lo nombran cónsul en Nueva York. En poco tiempo dejó el puesto de cónsul para dedicarse a la realización de escritos revolucionarios en favor de la Independencia de Cuba. En 1891 aparecieron los *Versos Sencillos*. En 1892 fundó el Partido Revolucionario Cubano. En 1895 estalló la Revolución, y se entablaron luchas en la Isla, adonde habían desembarcado las fuerzas; en un enfrentamiento, en el Combate de Dos Ríos, José Martí perdió la vida, en 1895, a los 42 años de edad.

[35] Martí dirigió la publicación desde su oficina editorial en la ciudad de Nueva York, donde residía desde el mes de julio del mismo año.

[36] Julián del Casal nació en La Habana el 7 de noviembre de 1863 y murió en la misma ciudad de tuberculosis el 21 de octubre de 1893. Casal fue un tenaz lector de publicaciones cosmopolitas. En su oficio dejó poemas en prosa, crónicas, reseñas bibliográficas, tres libros de poemas, traducciones críticas de arte e innumerable artículos de periódicos publicados anónimamente.

[37] Marshall Nunn nos explica que *"La Discusión* was a political newspaper for which Casal did some little writing. A few of his poems were published in it, but most of the work done here by Casal was a non-literary nature" (ix).

[38] Lo opuesto de esta experiencia artística y sociocultural le sucederá a Recaredo, el escultor en el cuento de *La muerte de la emperatriz de la China* (1890) de Rubén Darío. Recaredo tiene en su posesión una porcelana china en forma de torso femenino. Éste le construye una vitrina de cristal y lo adorna con todos los objetos preciosos de origen asiático y de países lejanos para resaltar la exoticidad del torso femenino. Al mismo tiempo, Recaredo tiene bajo su control el despliegue y el disfrute absoluto de su objeto artístico. En cambio, Casal para poder deleitarse de la obra de arte,

tenía que consolarse con el simple hecho de verlo a través de la vitrina de la tienda y construir por medio de esa imagen un espacio físico imaginario asociado con el objeto y su lugar de origen.

[39] Rosa M. Cabrera agrega que "[l]as razones para el cambio del título no han sido bien aclaradas, aunque es de suponer que Casal lo hiciera para acentuar el exotismo del tema" (151). Esperanza Figueroa nos explica que este mismo poema también apareció en *El Correo de la tarde*, Guatemala, 18-IV como "Pastel japonés" (196).

[40] El propio Darío en su poema *Para la misma* la identifica con fisonomías japonesas "de una blancura eucarística" (193) – imagen preconcebida a través de las pinturas de geishas. Dicho poema se analizará más adelante.

[41] La traducción es mía.

[42] Véase el trabajo de Esperanza Figueroa. *Julián del Casal – Estudios críticos sobre su obra*, p. 15.

[43] Este término se refiere a una "joven mujer japonesa".

[44] Véase a *Los viajes de Marco Polo: relatados por el mismo* de Marco Polo y *Los cuatro viajes, testamento* de Cristóbal Colón.

[45] Los territorios limítrofes con China pasaron a depender de Francia, Inglaterra y Rusia. Japón en su proceso de modernización quiso apoderarse de algunos territorios chinos. Rusia quería tomar Manchuria y Corea. Inglaterra quería la cuenca del Yangtsé para la transportación e intercambio de productos con Hong Kong y Shangai. Francia quería obtener Tonkin. Después del proceso de modernización que pasó Japón, este no permitió que Rusia expandiera su influencia en el norte de China y Corea. Japón y China se enfrentaron, pero en 1885 se firmó un acuerdo en donde las dos naciones se iban a retirar. China intervino en asuntos coreaos, Japón envió tropas y expulsó a China de Corea. China le declaró la guerra a Japón en 1894 y sufrió una gran derrota. Japón ocupó Manchuria Meridional y ambas naciones firmaron el tratado de Shimonoseki en 1895. Japón cedió la península de Liao-Tung y Taiwán. También reconoció la independencia de Corea. Rusia no aceptó que Japón ocupara Manchuria ya que la base

militar en "Port Arthur" peligraba con la anexión. Rusia apoyada de Francia y Alemania obligaron al gobierno japonés a renunciar Manchuria. Japón se enfrentó en una guerra sangrienta con Rusia, y este no pudo con el avance militar japonés. Es debido a este evento histórico que Japón surgió en panorama mundial.

[46] Los tres autores-cronistas que voy a tratar en este capítulo solamente viajaron al Japón. Los escritos analizados, todos trataron de describir en sus textos eventos políticos y socioculturales asociados con la cultura japonesa en lugar de solamente presentar la exuberante belleza japonesa.

[47] Los portugueses fueron los que insistieron en imponer actividades religiosas en la sociedad japonesa; los españoles sólo se concentraron en el aspecto comercial.

[48] Para 1910, sólo a México habían llegado 7,504 inmigrantes más. [Además, la] exhibición comercial japonesa montada en el Palacio de Cristal de la Ciudad de México en 1910, tuvo un éxito estruendoso y avivó aún más las perspectivas de tan deseado pero hasta ese momento, en su mayor parte, ilusorio comercio transpacífico.

[49] Tablada se refiere a la casa localizada en el Puerto de Mazatlán, de donde proviene su madre.

[50] Viuda del Comandante General de las Naos de China y amiga de la madre del poeta que frecuentaba la casa de los Tablada.

[51] Véase el poema *Japón* de José Juan Tablada en *El florilegio* (1899).

[52] Los críticos hasta el presente han comentado que no hay pruebas concretas de que Tablada viajara al Japón. Sin embargo, hay varias hipótesis que relatan su estadía en el exótico país. Como no los indica Atsuko Tanabe en *El japonismo de José Juan Tablada* (1981) "Tablada fue asimismo el primer mexicano que mostrará un interés serio por una imagen no distorsionada del Japón" (138).

[53] Debido al concepto teórico de la construcción y el análisis del espacio sociocultural y artísticamente representado, nuestra investigación se

concentrará en las primeras etapas artísticas del poeta. Dicho período se inicia cuando Tablada comienza a trabajar en *El Universal* alrededor de 1890, lo cual culmina en el verano de 1900 cuando Tablada emprende su viaje al Japón.

54 De aquí en adelante todas las citas provendrán de esta edición. Adriana García de Aldridge en *Latin American Writers* nos aclara que "[t]he articles were written in 1900, although the collection was not publish until 1919" (442).

55 También conocido como fiesta tradicional.

56 Desde este momento en adelante, José Juan Tablada se dedica con todo empeño a la transmisión de la belleza cultural y social de Japón a todo su público lector. Tablada deja por un lado su nostalgia y emprende una gran labor cuyos frutos serán diseminados en su tercera etapa artística.

57 Chamberlain en *Things Japanese* (1890) nos comenta que "en toda la ciudad de Tokio había 33000 *dyinrikis*" (186) y Atsuko Tanabe nos aclara el origen de la palabra – "La verdad es que debiera transcribirse como *dyinriki* de acuerdo con la fonética castellana" (73).

58 Recordemos que el uso del opio por la cultura china fue en buena parte promovido por el colonialismo inglés en China. Entre 1834 a 1860, China luchó en dos Guerra del Opio para prevenir su importación y su uso. Sin embargo, el resultado fue devastador. La primera guerra concluyó con el Tratado de Nanking, China cedió Hong Kong a Inglaterra por 150 años. En la segunda, China otorgó concesiones en el Tratado de Tianjing en 1858 a las otras potencias occidentales.

59 Como mencionamos anteriormente, Martí no viajó al lejano oriente como los escritores trabajados en esta parte del estudio, pero si tuvo una experiencia directa con la población china en Nueva York.

60 En esta cita, Martí nos habla de "una niña de 13 años" pero no nos revela su origen étnico, por eso no podemos asumir que esa niña es de origen asiático ya que estaba saliendo de las casa fumadoras de opio.

61 Martí al hablar de las personas involucradas en el hábito de fumar opio solamente menciona a la figura masculina ya que durante su estadía en los Estados Unidos, el gobierno norteamericano solo permitió la llegada y entrada de hombres, pero restringía la presencia de las mujeres provenientes de China. La mayoría de ellos fueron llamados culíes. Los culíes son aquellas personas que llegaron a Cuba y EEUU como trabajadores domésticos bajo contrato. Los que arribaron a Cuba, muchos trabajaron en las plantaciones azucareras y otros como sirvientes domésticos y con el transcurso del tiempo muchos pudieron comprar su libertad. El grupo que llegó a los EEUU trabajó en toda clase de empleos de baja categoría. Este grupo enfrentó mucha más discriminación y segregación que el grupo de Cuba. Para mayor información respecto a los culíes que llegaron a los EEUU véase a José Martí, *Obras completas* (1975) – las *Escenas norteamericanas* volúmenes 9, 10, 11 y 12. También a Juan Pérez de la Riva, *Documentos para la historia de las gentes sin historia: el tráfico de culíes chinos* (1960), y Eugenio Chang Rodríguez, *La inmigración china: historia y literatura*.

62 Para más información, véase el segundo capítulo.

63 Ambos periódicos eran según Joan Torres-Pou los "de mayor circulación de la época. *El Imparcial* era un periódico de corte liberal mientras que *La Nación*... difundía una ideología algo más conservadora, [y] ambos diarios tenían un carácter progresista" (186).

64 Estos no son los únicos temas de interés para Gómez Carrillo. Sin embargo, son los que muestran el verdadero conocimiento sociocultural que él tenía al estar en Japón y presenciar las distintas transformaciones tanto en el país como en la sociedad en general.

65 En esta crónica, Gómez Carrillo se enfoca en la descripción de la belleza y delicadeza de los jardines privados localizados en las casas japonesas que pudo visitar durante su estadía en Japón.

66 Véase la decimoctava edición de Miguel de Cervantes, *El ingenioso Hidalgo Quijote de la Mancha* (1996). Allí Cervantes nos aclara que "el sobrenombre [era] Quijada, o Quesada, que en esto hay alguna diferencia en los autores

que de este caso escriben; aunque por conjeturas verosímiles se deja entender que se llamaba Quejana" (98).

[67] "El otro suicidio es el del capitán Takeyosi, que se abrió el vientre después de escribir una carta al emperador, señalándole el peligro que hacía correr á la independencia nipona la expansión rusa en Extremo Oriente" (80).

[68] Las hetarías también eran conocidas por los viajeros occidentales como prostitutas que servían a los miembros de la clase privilegiada.

[69] Es importante recordar que después de que Japón ganara la guerra ruso-japonesa, el imperio del sol naciente empezó un lento proceso de modernización e industrialización en sus ciudades principales. En el caso de la moda, la familia imperial y los miembros cercanos al emperador fueron los primeros en adaptarse y a usar el traje como la vestimenta oficial en las cortes.

[70] Odile Cisneros en *El Oriente de dos mexicanos: Japón en la obra de Tablada y Rebolledo* nos explica que "Rebolledo colaboró con la *Revista Moderna*, en su segunda época" (98) pero no podemos confirmar si la revista le pagó por sus servicios como en los casos de Tablada y Gómez Carrillo.

[71] De la investigación hecha hasta el presente trabajo no se ha podido documentar a través de los críticos que han estudiado la obra de Efrén Rebolledo las fechas correctas de sus tres textos publicados. Algunos textos tienen escrito las fechas de 1910 y otros 1915, pero no hay ninguna explicación de que sean primera o segunda edición. Lo que si es correcto es que los tres textos fueron escritos en 1907.

[72] Título original del poema.

[73] George Sansom en *A History of Japan: 1615-1867* nos explica que Edo [es] literally: bay-door... is the former name of the Japanese capital Tokyo, and was the seat of power for the Tokigawa shogunate which ruled Japan from 1603 to 1868. During the period it grew to become one of the largest cities in the world and the site of a vibrant urban culture centered on notions of the 'floating world'" (114).

74 De lo que se ha analizado hasta este estudio, no se ha encontrado referencias de que Tablada y Gómez Carrillo hayan expresado en sus escritos la misma experiencia sexual que Efrén Rebolledo. Tablada en sus relatos ha idealizado la belleza y la fragilidad de las mujeres japonesas en sus poemas y crónicas. Gómez Carrillo por su lado ha expresado la desigualdad socioeconómica de la mujer japonesa en sus crónicas, pero también expresó el valor guerrero que las mujeres japonesas tenían cuando narró sobre las esposas de dos capitanes japoneses que querían estar al lado de sus esposos en la guerra.

75 Desde nuestro punto de vista, no creo que se esté despidiendo de Japón para siempre, sino que es una forma de concluir su estadía en un lugar en particular, ya que su segunda obra toma lugar en Nikko, una ciudad conocida por sus antiguos templos religiosos y su fiel perspectiva hacia las tradiciones culturales japonesas.

76 Recordemos que en una noche fría y lluviosa de invierno, un kuruma trajo a las puertas de la casa de Rebolledo una "dulceamiga" (30) como él mismo nos lo comenta. Se podría llegar a la conclusión que dicha amiga es la cual se está despidiendo en la estación de tren.

77 La investigación hecha hasta este momento, no se puede descifrar si Rebolledo vivió cierto periodo de tiempo en Japón y regresó luego para terminar con sus deberes diplomáticos o vivió constantemente por un periodo de siete años. Esta frase también nos asegura que una segunda obra asociada al viaje y a sus experiencias a Japón irá a salir.

78 Hasta dicha fecha 1907, y posiblemente hoy en días, los occidentales no llegan a distinguir las características fenotípicas entre un japonés, un chino y/o un hawaiano. Históricamente, dicho error proviene del siglo XII con la primera visita que Marco Polo hizo a la China y las subsiguientes confusiones asociadas a la palabra cipango.

79 Rebolledo en una nota a pie de página nos explica que las guetas son un tipo de calzado.

80 *Hojas de bambú* es la tercera novela de Efrén Rebolledo. Lo curioso de esto es que cuando Abel Morán que viene a ser su alter ego y personaje principal

en la novela, no sabe cómo sentarse en el kuruma. Sin embargo, en sus dos primeras obras, siendo él mismo personaje no tiene ninguna dificultad en llamar al kuruma, sentarse y decirle donde quiere ir. Hasta el momento no se ha podido descifrar el por qué de esta falta de conocimiento en este asunto.

[81] Rebolledo en una nota a pie de página nos aclara que haoris es una de especie de sobretodo.

[82] Es interesante notar que Efrén Rebolledo en esta última novela relacionada a su viaje y a sus experiencias en Japón nos presenta una gran variedad de personajes provenientes de distintos países. Recordemos que durante esta época, Japón ya ha abierto sus puertas al mundo exterior y está aceptando que otras naciones establezcan sus embajadas para tener mayor comunicación e intercambio comercial.

[83] Es interesante notar que de las tres novelas asociadas con su viaje y sus experiencias, *Hojas de bambú* es la que contiene una descripción detallada de lo que Tokio llegó a representar en la mente de Efrén Rebolledo. En cambio, en los escritos de José Juan Tablada y Enrique Gómez Carrillo, Tokio para ellos era la ciudad más sofisticada y tecnológicamente avanzada durante el siglo XIX y las otras como Kioto y Nikko fueron vistas como los centros culturales tradicionales de la cultura japonesa.

[84] Hasta cierto punto, el proceso de modernización en hispanoamericana coincide con la de Japón en 1868 con el comienzo de la Era de Meiji. La moda "japonisme," es decir, la representación de la cultura japonesa en Europa y en Hispanoamérica confirma que el contacto entre Hispanoamérica y Asia a finales del siglo XIX era más estrecha de lo que se piensa.

[85] Véase el poema *Kakemono*.

[86] Véase los cuentos de *El rey burgués* y *La muerte de la emperatriz de la China*.

[87] Véase Beatriz Colombi, *Viaje intelectual, migraciones y desplazamientos en América Latina* (1880-1915) 2004.

BIBLIOGRAFÍA

Abdo Htamleh, Mohammed. *El tema oriental en los poetas románticos españoles del siglo XIX.* Granada: Ediciones Anel, 1972.

Aching, Gerard. *The politics of Spanish American Modernism: By Exquisite Design.* New York: Cambridge UP, 1997.

Adams, Percy. *Travel Literature and the Evolution of the Novel.* Lexington: U of Kentucky P, 1982.

Alcock, Rutherford. *Art and Art Industries in Japan.* London, 1878.

Almazán Tomás, Vicente David. *La imagen de Japón en la publicidad gráfica española de finales del siglo XIX y primeras décadas del siglo XX. Revista Española del Pacífico.* 8 (1998): 403-33.

Alter, Robert. *Imagined Cities: Urban Experience and the Language of the Novel.* New Haven & London: Yale UP, 2005.

Althsser, Louis. *Ideology and Ideological State Apparatuses. Cultural Theory and Popular Culture.* Ed. John Store. Athenas: The U of Georgia P, 1985, 153-164.

Ambrogi, Arturo. *Sensaciones del Japón y de la China.* San Salvador: Ministerio de Educación, Dirección General de Publicaciones, 1963.

Anderson, Benedict. *Imagined Communities: Reflexions on the Origin and Spread of Nationalism.* London: Verso, 1987.

---. *Comunidades imaginadas: Reflexiones sobre el origin y la diffusion del nacionalismo.* Trans. Eduardo L. Suárez. México: Fondo de cultura económica, 2006.

Armas, Emilio de. *Casal.* La Habana: Letras Cubanas, 1981.

Ashcroft, Hill, Gareth Griffiths, and Helen Tiffin. *The Empire Writes Back: Theory and Practice in Post-Colonial Literatures*. New York: Routledge, 1994.

---. *Key Concepts in Post-Colonial Studies*. New York: Routledge, 1998.

Asunción Silva, José. *Obras completas*. España: Biblioteca Ayacucho, 1985.

Azougarh, Abdeslam. *Martí orientalista*. *Casa de las Américas*. 210 (Jan-Mar 1998): 12-20.

Baczko, Bronisław. *Les imaginaires sociaux: mémoires et espoirs collectifs*. *Critique de la politique*. Paris: Payot, 1984.

Ballesteros, Manuel, ed. *América en los Grandes viajes*. Madrid: Aguilar, 1957.

Bhabha, Homi, ed. *Nation and Narration*. London/New York: Routledge, 1990.

---. *The Location of Culture*. London/New York: Routledge, 1994.

Barker, Francis y otros., ed. *Europe and its Others*. Colchestr: U of Essex, 1985.

Barthes, Roland. *Empire of Signs*. trans. Richard Howard. New Cork: Hill and Wang, 1982.

Bartolomé, Higinia. *Impresiones de viaje*. Barquisimeto: Tipografá América, 1915.

Barrientos, Alfonso Enrique. *Enrique Gómez Carrillo*. Madrid: Gredos, 1968.

---. *El centenario de Gómez Carrillo*. *Impacto*. Guatemala, 12 de enero de 1973.

Bravo, José Antonio. *Narradores del siglo XX: nacidos entre 1900 y 1919*. Lima: Banco Central de Reserva del Perú, Fondo Editorial, 1999.

Bravo-Villasante, Carmen. *Historia y antología de la literatura infantil hispanoamericana 1*. España: Editorial Everest, 1987.

Beebee, Tom. *Orientalism, Absence, and The Poème en Prose. The Rackham Journal of the Arts and Humanities*. 2:1 (Fall 1980): 48-71.

Bella, Josef. *Modernismo y vanguardia (del modernismo a la modernidad)*. Ivan Schulman, ed. *Nuevos asedios al modernismo*. Madrid: Taurus, 1987. 62-75.

Benjamin, Walter. *Illuminations: Essays and Reflections*. Ed. Hannah Arendt. New York: Harcourt, Brace & World, 1968.

---. *Imaginación y sociedad*. Trans. Jesús Aguirre. Madrid: Taurus, 1969.

---. *Iluminaciones II*. Trans. Jesús Aguirre. Madrid: Taurus, 1972.

---. *Reflections: Essays, Aphorisms,Autobiographical Writings*. Ed. Peter Demetz. New York: Schocken Books, 1986.

Bernstein Matthew and Gaylyn Studlar. Eds. *Visions of the East, Orientalism in Film*. New Brunswick/New Jersey: Rutgers UP, 1997.

Blunt, Alison. *Travel, Gender and Imperialism: Mary Kingsley and West Africa*. New York: Guilford P, 1994.

Blunt, Alison and Gilliam Rose. *Writing Women and Space*. New Cork: Guilford P, 1994.

Boggie, Chris. *Exotic Memories: Literature, Colonialism, and the fin de siecle.* Stanford: Stanford UP, 1991.

Bopp, Mariano de., José Mirando y otros. *Ensayos sobre Humboldt*. México: Universidad Nacional Autónoma, 1962.

Bostos, María Luisa. *La crónica modernista de Enrique Gómez Carrillo o la función de la trivialidad. Sur*. (1982): 350-351.

Bosteels, Bruno, and Tina Escaja. *Delmira Agustini y el modernismo: nuevas propuestas de género*. Rosario, Argentina: B. Viterbo Editora, 2000.

Brennan, Timothy. *The Illusion of Future: Orientalism As Travelling Theory. Critical Inquiry*. 26.3 (2000): 558-583.

Brintrup, Lilianet. *Viaje y escritura, viajeros románticos chilenos*. New York: Peter Lang Publishing, 1992.

Bujaldón de Estévez, Lila. *El modernismo, el Japón y Enrique Gómez Carrillo. Revista de Literaturas Modernas*. 31 (2001): 53-72.

Bustamante Carlos, Calixto. *El lazarillo de ciegos caminantes desde Buenos Aires hasta Lima*. Buenos Aires: Espasa Calpe, 1946.

Butor, Michel. *Travel and Writing. Mosaic*. 8.1 (1974): 1-6.

Cabrera, Raimundo. *Impresiones de viaje. Cartas á Estévez*. La Habana: Imprenta de Cuba y América, 1906.

Cabrera, Rosa M. *Julián del Casal: Vida y obra poética*. New York: Las Americas Publishing Company, 1970.

---. *Kakemono*. Francisco E., and Jorge A. Santana. *Antología comentada del modernismo*. Sacramento: Dept. of Spanish and Portuguese, California State U, 1974. 149-54.

Cabrera Saqui, Mario. *Julián del Casal: poesía completas*. La Habana: Publicaciones del Ministerio de Educación, 1945.

Cáceres, Ernest. *La luz viene de Oriente*. Lima: Médica peruana, 1960.

Calvino, Italo. *Las ciudades invisibles*. Madrid: Siruela, 1990.

Campbel, Mary B. *The Witness and the Other World: Exotic European Travel Writing, 400-1600*. Ithaca/London: Cornell UP, 1988.

Cansinos Assens, Rafael. *Tiempo y espacio en arte*. *Cuadernos Hispanoamericanos*. 172 (1964): 128-137.

Casal, Julián del. *Nieve*. La Habana, 1892.

---. *Poesías completas*. Edición con ensayo preliminar y notas de Mario de La Habana: Cabrera Saqui, 1945.

---. *Obra poética*. Comp. Alberto Rocasolano. La Habana: Letras Cubanas, 1982.

---. *Poesías completas y pequeños poemas en prosa en orden cronológico*. Ed. Crítica de Esperanza Figueroa. Miami: Ediciones Universal, 1993.

Certeau, Michel de. *La invención de lo cotidiano 1. Artes de hacer*. México: Universidad Iberoamericana, 1996.

Cervantes, Miguel de. *El ingenioso hidalgo Don Quijote de la Mancha*. Ed. John Jay Allen. 18th ed. Madrid: Cátedra, 1996.

Champly, Henry. *The Road to Shanghai: White Slave Traffic in Asia*. Trans. Warre B. Wells. London: John Long Limited, 1936.

Chamberlain, Basil Hall. *Things Japanese; Being Notes on Various Subjects Connected with Japan for the Use of Travellers and Others*. London: K. Paul, Trench, Trübner & Co, 1891.

Chang Rodríguez, Eugenio. *La inmigración china: Historia y literatura*. *Encuentro* Internacional de Peruanistas: Estado de los estudios histórico-sociales sobre el *Perú a fines del siglo XX*, I-II. Lima, Perú: Universidad de Lima, 1998: 263-72.

Checa Gody, Antonio. *Historia de la prensa en Iberoamericana*. Sevilla: Alfar, 1993.

Chow, Rey. *Writing Diaspora: Tactics of Intervention in Contemporary Cultural Studies*. Bloomington and Indianapolis: Indiana UP, 1993.

Cisneros, Odile. *El Oriente de dos mexicanos: Japón en la obra de Tablada y Rebolledo. Literatura Mexicana.* 13.2 (2002): 91-116.

Clastres, Pierre. *Archeology of Violence. Semiotext(e) double agents series.* New York: Semiotext(e), 1994.

Clay Méndez, Luis Felipe. *Julián del Casal: estudio comparativo de su prosa y poesía.* Miami: Ediciones Universal, 1979.

---. *Julián del Casal: juicios críticos sobre el periodismo. Anales de la literatura Hispanoamericana.* 5.6 (1977): 87-96.

Clifford, James and George Marcus, ed. *Writing Culture: The Poetic and the Politics of Ethnography.* Berkeley: U of California P, 1982.

Clifford, James. *Notes on Travel and Theory. Inscriptions.* (1989): 177-188.

---. The Predicament of Culture: *Twentieth Century ethnography, Literature an Art.* Cambridge, Mass: Harvard UP, 1988.

Colombi, Beatriz. *La crónica y el viaje: Enrique Gómez Carrillo. Celehis: Revista del Centro de Letras Hispanoamericanas.* 5.6-8 (1996): 183-92.

---. *Viaje intelectual, migraciones y desplazamientos en América Latina (1880-1915).* Argentina: Beatriz Viterbo Editora, 2004.

Colón, Cristóbal. *Los cuatro viajes: testamento.* Ed. Consuelo Varela. Madrid: Editorial Alianza, 1999.

Conte-Helm, Marie. *The Japanese and Europe: Economic and Cultural Encounters.* London and Atlantic Highlands, N.J.: Antholone, 1996.

Cortés, Enrique. *Relaciones entre México y Japón durante el Porfiriato.* México: Secretaria de Relaciones Exteriores, Archivo Histórico Diplomático Mexicano: caurta época, 1, 1980.

Craig Mike and Nigel Thrift. eds., *Thinking Space*. London: Routledge, 2000.

Darío, Rubén. *Cuentos y crónicas*. Madrid: Mundo Latino, 1918.

---. *Prosas profanas*. (1896) *Antología Poética*. Ed. Arturo Torres Rioseco. Berkeley: U of California P, 1949.

---. *Obras completas*. Madrid: Afrodisio, 1950.

---. *Poesías completas*. Ed. Alfonso Méndez Plancarte y Antonio Olivar Belmás. Madrid: Aguilar, 1967.

---. *Páginas escogidas*. Ed. de Ricardo Gullón. Madrid: Cátedra, 1995.

Day, Martin S. *Travel Literature and the Journey Theme*. *Forum*. 12.2 (1982): 37-47.

De Certeau, Michel. *The Practice of Everyday Life*. Trans. Steven Rendall. Berkeley: U of California P, 1984.

Díaz Rodríguez, Manuel. *De mis romerías y sensaciones de viajes (1895 y 97)*. Madrid: Editorial América, 1915.

Djbilou, Abdellah. *Diwan modernista. Una visión de Oriente*. Madrid: Taurus, 1986.

Donoso, José. *Cuentos*. Santiago de Chile: Aguilar chilena, 1998.

Duplessis, Gustavo. *Julián del Casal*. La Habana: Molina, 1954.

Eberhard, Wolfram. *A History of China*. Berkeley and Los Angeles: U of California P, 1977.

Echevarría, Arturo. *El arte de la jardinería china en Borges y otros estudios*. Madrid: Iberoamericana/Vervuert, 2006.

Echevarría, Roberto González. *Martí y su amor de ciudad grande*. Ivan Schulman, ed. *Nuevos asedios al modernismo*. Madrid: Taurus, 1987. 160-173.

Elizgaray, Alga Marina. *La Edad de Oro: el gran origen clásico infantil de nuestra época.* Salvador Arias. *Acerca de La Edad de Oro.* La habana: Centro de estudios martianos, 1980.

Feliu Cruz, Guillermo. *Notas para una bibliografía sobre viajeros relativos a Chile.* Santiago de Chile: Editorial Universitaria, 1965.

Fernández de Lizardi, José Joaquín. *El periquillo Sarniento.* México: Editorial Porrúa, 1997.

Fernández Retamar, Roberto. *Modernsimo, noventiocho, subdesarrollo. Teoría de la literatura hispanoamericana.* Mexico City: Nuestro Tiempo, 1977.

Ferreres, Rafael. *Los limites del modernismo.* Madrid: Taurus, 1964.

Figueroa, Esperanza. Ed. *Julián del Casal. Estudios críticos sobre su obra.* Miami: Ediciones Universal, 1974.

Fogelquist, Donald F. *El carácter hispánico del modernismo. Estudios críticos sobre el modernismo.* Ed. Homero Castillo. Madrid: Gredos, 1968. 66-74

Foster, Shirley. *Across New Worlds: Nineteenth Century Women Travelers and their Writings.* New York-London: Harvester Wheatsheaf, 1990.

Foucault, Michel. *Of Other Spaces. Diacritics.* 16.2 (1986): 22-27.

Franco, Jean. *Spanish American Literatura since Independence.* London: Ernest Benn, 1973.

Fraser, Howard M. *La Edad de Oro and José Martí's Modernist Ideology for Children. Revista Interamericana de Bibliografía* 42.2 (1992) 223-232.

Frezeir, Amadeo. *Relación del viaje por el mar del sur.* Venezuela: Biblioteca Ayacucho, 1984.

Futoransky, Luisa. *Son cuentos chinos*. Buenos Aires: Planeta, 1991.

Galván, Delia V. *José Juan Tablada y su haiku: aventura hacia la unidad. Cincinnati Romance Review*. 2 (1983): 110-120.

Gasió, Guillermo. *Borges en Japón, Japón en Borges*. Argentina: Editorial Universitaria de Buenos Aires, 1988.

García, Cristina. *El cazador de monos*. España: Emecé editores, 2003.

García de Aldridge, Adriana. *Las fuentes chinas de José Juan Tablada. Bulletin of Hispanic Studies*. 60.2 (1983): 109-119.

Garibay, Ángel María. *Voces de Oriente: antología de textos literarios del cercano Oriente*. México: Porrua, 1990.

Gill, Héléne. *The Language of French Orientalist Painting*. Lewiston, N.Y.: The Edwin Mellen P, 2003.

Ginberg, Judith. *Los juicios de José Martí acerca de la inmigración a los Estados Unidos. The Bilingual Review / La Revista Bilingüe*. 2 (1974): 185-92.

Gómez Carrillo, Enrique. *El alma japonesa.* Paris: Garnier Hermanos, 1906.

---. *De Marsella a Tokio. Sensaciones de Egipto, la India, la China y el Japón*. París: Garnier Hermanos, 1906.

---. *El Japón heroico y galante*. Madrid: Renacimiento, 1912.

---. *El primer libro de las crónicas*. Madrid: Mundo Latino, 1919.

---. *La vida errante*. Madrid: Mundo Latino, 1919.

---. *La psicología del viaje*. Madrid: Editorial Mundo Latino, 1919

Gómez Arboleya, Enrique. *Breve meditación sobre el viaje. Cuadernos Hispanoamericanos*. 35 (1952): 41-54.

González Alcantud, José A. *El exotismo en las vanguardias artítico-literarias*. Barcelona: Anthropos, 1989.

Gómez de la Serna, Gaspar. *Los viajeros de la ilustración*. Madrid: Alianza Editorial, 1974.

González Echeverría, Roberto. *Myth and Archive: A theory of Latin American Narrative*. New York: Cambridge UP, 1990.

---. *Martí y su amor de ciudad grande*. Ivan Schulman, ed. *Nuevos asedios al modernismo*. Madrid: Taurus, 1987. 160-173.

González Felix, Maricela. *Viaje al corazón de la península, testimonio de Manuel Lee Mancilla*. México: Instituto de Cultura de Baja California, 2000.

González Pérez, Aníbal. *La novela modernista hispanoamericana*. Madrid: Gredos, 1987.

---. *La crónica modernista hispanoamericana*. Madrid: Porrua Turanzas, 1983.

González-Stephan, Beatriz. *Fundaciones: canon, historia y cultura nacional. La historiografía del liberalismo hispanoamericano del siglo XIX*. Madrid: Iberoamericana, 2002.

Green-Blatt, Stephan. *Marvelous Possessions: The Gonder of the New World*. Chicago: U of Chicago P, 1991.

Gullón, Ricardo. *Juan Ramón Jiménez y el modernismo*. México, D. F.: Aguilar, 1962.

---. *Direcciones del modernismo*. Madrid: Gredos, 1963.

---. *Ideologías del Modernismo*. *Insula*. 291 (1971): 1-11.

---. *El modernismo visto por los modernistas*. Barcelona: Labor, 1980.

---. *Espacio y novela*. Barcelona: Bosch, 1980.

---. *El modernismo visto por los modernistas*. Barcelona: Labor, 1980.

Gutierrez-Girardot, Rafael. *Modernismo*. Barcelona: Montesinos, 1983.

Hadman, Ty. *Breve historia y antología del haiku en la lírica mexicana*. México: Editorial Domés, 1983.

Hamalian, Leo, Ed. *Ladies on the Loose: Women Travelers of the 18th and 19th centuries*. New York: Dodd Mead & Company, 1981.

Hansmann, Wilfried. *Jardines. Del Renacimiento al Barroco*. Madrid: Nerea, 1989.

Hearn, Lafcadio. *Essays in European and Oriental Literature*. New York: Books for Library P, 1923.

Hernández Fernández, Mará Teresa. *El imaginario oriental en Alberti y Neruda*. *EPOS* 2 (1986): 139-155.

Hernández Palacios, Esther. *José Juan Tablada: Tradición y modernidad*. *Texto Crítico*. 5.9 (2001 July-Dec): 103-17.

Henriquez Ureña, Max. *Breve historia del modernismo*. México: Fondo de Cultura Económica, 1978.

---. *Las corrientes literarias en la América hispánica*. México: Fondo de Cultura Económica, 1969.

---. *Literary Currents in Hispanic America*. Cambridge: Harvard UP, 1945.

Hobsbawn, Eric and Terrance Ranger, eds. *The Invention of Tradition*. New York: Cambridge UP, 2004.

Holdsworth, Carole A. *José Juan Tablada: Crítico modernista*. *Inter-American Review of Bibliography*. 29.1 (1979): 65-69.

Hui, Wei. *Shangai baby*. Trans. Romer Cornejo y Liljana Arsovska. Argentina: Emecé Editores, 2002.

Jameson, Fredric. *Third-World Literature in the Era of Multinational Capitalism. Social Text*. 15 (1986): 65–88.

Jrade, Cathy L. *"Modernismo", Modernity and the development of Spanish American Literature*. Austin: U of Texas P, 1998.

Jiménez, Juan Ramón. *El modernismo. Notas de un curso*. Madrid: Aguilar, 1953.

Jiménez, Juan Ramón, y Federico de Onís. *El modernismo; notas de un curso (1953)*. México: Aguilar, 1962.

Jiménez, Luís A. *Elementos decadentes en la prosa casaliana. Julián del Casal: Estudios críticos sobre su obra*, ed. Esperanza Figueroa. Miami: Ediciones Universal, 1974.

Jiménez Pastrana, Juan. *Los chinos en la historia de Cuba, 1874-1930*. La Habana: Edición de Ciencias Sociales, 1983.

Jitrik, Noel. *Los viajeros*. Buenos Aires: Editorial Jorge Álvarez, 1969.

---. *Lo vivido, lo teórico, la coincidencia (esbozo de las relaciones entre dos literaturas). Cuadernos Americanos*. CCLII 252-254 (marzo-abril 1984): 89.

Keene, Donald. *Japanese Literature: An Introduction for Western Readers*. New York: Grove P, 1955.

Keene, Henry George. *An Oriental Biographical Dictionary*. Kraus Reprint Corporation: New York, 1965.

Kipling, Ruyard. *Viaje al Japón*. Barcelona: Alertes, 1988.

Koda, Harold, and Richard Martin. *Orientalism: Visions of the East in Western Dress*. New York: Metropolitan Museum of Modern Art, 1994.

Kirkpatrick, Gwen. *The Dissonant Legacy of Modernismo Lugones, Herrera Y Reissig, and the Voices of Modern Spanish American Poetry.* Berkeley: U of California P, 1989.

Kushigian, Julia A. *Hispanic Orientalism in the Hispanic Literary Tradition.* Albuquerque: U of New Mexico P, 1991.

Lanea, Elba M. *La prosa modernista de José Martí en La edad de Oro. Cuaderno del Congreso por la Libertad de la Cultura.* 61 1962.

Lara Velásquez, Esperanza and Mata, Rodolfo. *'Notas de la semana' y otras columnas periodísticas de José Juan Tablada en El Nacional (1897-1900). Literatura Mexicana.* 12.1 (2001): 179-200.

Lefebvre, Henri. *The Production of Space.* Massachusetts: Blackwell Publishing, 2004.

Lewis, Reina. *Rethinking Orientalism, Women, Travel and The Ottoman Haren.* New Brunswick/New Jersey: Rutgers UP, 2004.

Damisela - Literatura cubana. 22 Nov. 2005 http://www.damisela. com/literatura/pais/cuba/autores/delcasal.html.

Litvak, Lily, ed. *Geografías mágicas: viajeros españoles del siglo XIX por países exóticos (1800-1913).* Barcelona: Alertes, 1984.

---. *El ajedrez de estrellas: crónicas de viajeros españoles del siglo XIX por países exóticos (1800-1913).* Barcelona: Editorial Laia, 1987.

---. *El sendero del tigre: exotismo en la literatura española de finales del siglo XIX, 1880-1913.* Madrid: Taurus, 1986.

---. *Erotismo fin de siglo.* Barcelona: Bosch, 1979.

Lolo, Eduardo. *Mar de espuma: Martí y la literatura infantil.* Miami: Ediciones Universal, 1995.

López Álvarez, Luis. *La percepción del espacio americano en cronistas y narradores.*

La Revista del Centro de Estudios Avanzados de Puerto Rico y Caribe. (Julio-Diciembre 1990): 94-99.

López-Vega, Martín. *El viajero modernista.* Gijón: Libros del Pexe, 2002.

Loveluck, Juan (Ed): *Diez estudios sobre Rubén Darío.* Santiago de Chile: Zig-Zag, 1967.

Lowe, Lisa. *Critical Terrains: French and British Orientalism.* Ithaca: Cornell UP, 1991.

Lozano Herrera, Rubén. *Las versa y las burlas de José Juan Tablada.* México D.F.: U Iberoamericana, 1995.

Lynch, John. *The Spanish American Revolutions 1808-1826.* New York: Norton, 1973.

---. Ed. *Latin American Revolutions 1808-1826: Old and New World Origins.* London: U of Oklahoma P, 1994.

Maeth Ch., *Russell. El palíndromo fuera de Occidente: Las tradiciones de China y Japón. Estudios de Asia y África.* 23 (May-Aug. 1988): 329-334.

Masón, Penélope. *A History of Japanese Art.* Englewood Cliff, NJ: Prentice, 1993.

McGiffert, Carola. ed. *Chinese Images of The United Status.* Washington: The CSIS P, 2005.

Maples Arce, Manuel. *Ensayos japoneses.* México: Cultura, 1959.

Masón, Penélope. *A History of Japanese Art.* Englewood Cliff, NJ: Prentice, 1993.

Martí, José. *Obras completas.* 27 vols. La Habana: Editorial de ciencias Sociales, 1975.

---. *Obra literaria*. España: Biblioteca Ayacucho, 1978.

---. *Ismaelillo; Veros libres; Versos sencillos*. Ed. Ivan A. Schulman. Madrid: Cátedra, 1987.

---. *José Martí: Crónicas, antología crítica*. Madrid: Editorial Alianza, 1993.

---. *La edad de oro*. República Dominicana: Editora Corripio, 2000.

Martínez Domingo, José María. *Los espacios poéticos de Rubén Darío*. New York: Meter Lang, 1995.

Media, José Toribio (Copilador y traductor). *Viajes relativos a Chile entre 1814-1915 (tomo I) y entre 1817-1822 (tomo II)*. Chile: Fondo Histórico y bibliográfico José Toribio Medina, 1962.

Mejía Sánchez, Ernesto. Ed. *Estudios sobe Rubén Darío*. México: Fondo de Cultura Económica, 1968.

Mendoza, Juan M. *Enrique Gómez Carrillo. Estudio crítico-biográfico, su vida, su obra, y su época*. Guatemala: Unión tipográfica Muñoz plaza y Cía, 1940; [1946].

Meyer, Doris, ed. *Reinterpreting the Spanish American Essay: Women Writers of the 19th and 20th Centuries*. Austin: U of Texas P, 1995.

Meyer-Minnemann, Klaus. *La novela modernista hispanoamericana y la literatura europea de fin de siglo: puntos de contacto y diferencias. Nuevas Revista de Filología Hispánica*. 2 (1984): 341-445.

---. *La novela modernista hispanoamericana y la literatura europea del 'fin de siglo': puntos de contacto y diferencias*. Ivan Schulman. Nuevos asedios al modernismo. Madrid: Taurus, 1987. 246-261.

Mitchell, Don. *Cultural Geography. A critical Introduction.* Massachusetts: Blackwell Publishing, 2000.

Mitchell, W. J. T. *Landscape and Power.* Chicago/London: U of Chicago P, 2002.

Millis, Sara. *Discourse of Differences: An Analysis of Women Travel Writing and Colonialism.* London/New York: Routledge, 1991.

Moncó, Beatriz. *Entre la imagen y la realidad: los viajes a China de Miguel de Loarca y Adriano de las Cortes. Revista de Española del pacífico.* 8 (1998): 569-584.

Monner Sanza. José María. *Julián del Casal y el modernismo hispanoamericano.* México: El Colegio de México, 1952.

Monteleone, Jorge. *El relato de viaje.* Buenos Aires: El Ateneo, 1998.

Montero, Oscar. *Erotismo y representación en Julián del Casal. Teoría literaria, texto y teoría, 11.* Amsterdam: Rodopi, 1993.

Moore-Gilbert, Bart. *Postcolonial Theory, Contexts, Practices, Politics.* London/New York: Verso, 1997.

Mora, Gabriela. *El cuento modernista hispanoamericano.* Ann Arbor: Latinoamericana Editores, 1996.

Morales, Carlos Javier. *La poética de José Martí y su contexto.* Madrid: Editorial Verbum, 1994.

Moray, Mercedes Santos. *Empresa de corazón y no de mero negocio. Casa de las Américas.* 20.116 (sep.-Oct. 1979): 3-13.

Murria, David. *Terceros términos, triángulos y posiciones de alteridad. Estudios.* 5 (Enero-junio 1995): 65-67.

Moreno, María. *Dora Bovary. El imaginario sexual en la generación del 80.* Ludner, Josefina. *Las culturas de fin de siglo en América Latina.* Beatriz Viterbo Editora, Argentina, 1994. 115-138.

Namioka, Lensey. *Japan, a Traveler's Companion.* New York: Vanguard Press, 1979.

Napier, A. David. *Foreign Bodies: Performance, Art, and Symbolic Anthropology.* Berkeley: U of California P, 1996.

Naquin, Susan. *Peking, Temples and City Life, 1400-1900.* U of California P: Berkeley, Los Angeles, London, 2000.

Nervo, Amado, *Obras completas.* Ed. Francisco González Guerrero y Alfonso Méndez Plancharte. 2 vols. México: Aguilar, 1967.

---. *Los modernistas mexicanos. Obras completas.* Vol. 2. Madrid: Aguilar, 1972.

Nishihara, Daisike. *Discourse on China: Japan's Travel Literature and Orientalism. Surugadai University Studies.* 12 (June 1996): 67-87.

Nunn, Marshall H. *Julian del Casal, "First Modernista Poet." Hispania.* 23.1 (Feb 1940) 73-80.

---. *Selected Prose of Julian del Casal.* El Paso: U of Alabama P, 1949.

Nuñez, Estuardo. *Viajes y viajeros extranjeros por el Perú apuntes documentales con algunos desarrollos histórico-biográficos:* Talleres Gráficos, 1989.

---. Ed. *Viajeros hispanoamericanos (temas continentales),* Caracas: Biblioteca Ayacucho, 1989.

Nuñez Ortega, Angel. *Noticias histórica de las relaciones políticas y comerciales entre México y el Japon durante el siglo XVII.* México: Porrúa, 1971.

O' Callaghan, Marion. *Continuities in imagination.* Nederveen Pieterse, Jan P., and Bhikhu Parekh. *Decolonization of the Imagination: Culture, Knowledge and Power.* London: Zed Books, 1995.

Olivera, Otto. *Viajeros en Cuba (1880-1850).* Miami: Ediciones Universal, 1997.

Onis, Federico de. *Sobre el concepto del Modernismo. España en América. Estudios, ensayos y discursos sobre temas españoles e hispanoamericanos.* Puerto Rico: Editorial Universitaria, 1968

Orozco Díaz, E. *Ruinas y jardines; su significación y valor en la temática del Barroco. Temas del Barroco.* Granada: Universidad, 1947.

Ota Mishima, María Elena. *México y Japón en el siglo XIX: la política exterior de México y la consolidación de la soberanía japonesa.* México: Secretaría de Relaciones Exteriores, 1976.

Ortega Cantero, Nicolás. *Imágenes modernistas del paisaje urbano. Anales de Geografía de la Universidad Complutense.* 15 (1995): 507-17.

Oxford Taylor, Ferry. *Espacio y tiempo. La expresión simbólica de Manuel Gutiérrez Nájera.* Madrid: Maisal, 1977.

Oviedo, José Miguel. *Historia de la literatura hispanoamericana: del romanticismo al modernismo.* 2 Vol. Madrid: Alianza Editorial, 2002.

Pacheco, José Emilio. Ed. *Antología del modernismo. 1884-1921.* 2 vols. México: Universidad Nacional Autónoma de México, 1970.

Pavel, Thomas G. *Mundos de ficción.* Caracas: Monte Ávila Editores, 1995.

Paz, Octavio. *Cuadrivio.* D. F.: Joaquín Mortiz, 1980.

---. *Traducción, imitación, originalidad. Cuadernos hispanoamericanos.* 253-254 (enero-febrero 1971): 7-16.

Pazó Espinosa, José. *Evolución de la imagen de Japón en Wenceslao de Moraes. Revista Española del Pacífico.* 8 (1998): 391-402.

Pearsall, Priscilla. *An Art Alienated from Itself: Studies in Spanish American Modernism.* España: U of Mississippi, 1984.

Pera, Cristóbal. *El discurso mitificador de París en las crónicas de Enrique Gómez Carrillo. Hispanic Journal.* 18.2 (fall 1997): 327-40.

Pérez Abreu, Catalina. *La mujer como enfermedad y muerte en el proyecto modernista: Notas para un estudio.* http://www.ucm. es/info/especulo/numero30/mujermod.html

Pérez de la Riva, Juan. *Documentos para la historia de las gentes sin historia: el viaje a Cuba de los culíes chinos.* La Habana: J. Pérez de la Riva, 1960.

---. *Documentos para la historia de las gentes sin historia: el tráfico de culíes chinos.* La Habana, Cuba: Biblioteca Nacional José Martí, 1960.

---. *Los culíes chinos en Cuba (1847-1880): Contribución al estudio de la inmigración contratada en el Caribe.* La Habana: Ediciones de Ciencia Sociales, 2000.

Phillips, Allen W. *Cuatro poetas hispanoamericanos entre el modernismo y la vanguardia. Revista Iberoamericana.* 55.146-147 (Jan.-Jun. 1989): 427-449.

Polo, Marco. *Los viajes de Marco Polo: relatados por el mismo.* Argentina: Editorial Claridad, 2005.

Porter, Dennis. *Haunted Journeys: Desire and Transgressions in European Travel Writing.* New Jersey: Princeton UP, 1991.

Porter, Jonathan. *Macau, The Imaginary City.* Colorado: Westview P, 2000.

Porrata, Francisco E., and Jorge A. Santana. *Antología comentada del modernismo. Explicación de textos literarios,* v.3, anexo 1. Medellín, Colombia: Bedout, 1974.

Pratt, Mary Louise. *Imperial Eyes: Travel Writing and Transculturation*. London/New York: Routledge, 1992.

Quartucci, Guillermo. *Ritos funerarios en Japón*. *Estudios de Asia y África*. 23 (Sept.-Dec. 1988): 424-430.

---. Lo fantástico como reacción a la modernidad en Japón y México. *Estudios de Asia y África*. 31.1 (May-Aug 1996): 357-66.

Quezada, Abel. *Imágenes de Japón*. México: Editorial J. Mortiz, 1972.

---, Carlos Monsiváis, and Alvaro Mutis. *Abel Quezada, la comedia del arte*. México, D. F.: Fondo de Cultura Económica, 1985.

Rabasa, José. *Inventing A-M-E-R-I-C-A: Spanish Historiography and the Formation of Eurocentrism*. Norman: U of Oklahoma P, 1993.

Racionero, Luis, and Alberto Clavería. *Textos de estetica taoista*. Ediciones de Bolsillo, 404. Barcelona: Barral Editores, 1975.

Rama, Ángel. *Rubén Darío y el modernismo: circunstancia socio-económica de una arte americano*. Caracas: Biblioteca Central de Venezuela, 1970.

---. *Rubén Darío y el modernismo*. Caracas: Alfadil Ediciones, 1985.

Ramos, Julio. *Desencuentros de la modernidad en América Latina*. Durham/London: Duke UP, 2001.

Real Academia Española. *Diccionario de la lengua española*. Madrid: Editorial Espasa Calpe, 2001.

Rebolledo, Efrén, and Shunjo Kihara. *Rimas japonesas*. Tokyo: Shimbi Shoin, 1907.

---. *Desde el Japón. Revista Moderna* (enero 1908): 307-8.

---. *Obras completas.* Ed. Luis Mario schnieder. México: Instituto Nacional de Bellas Artes, 1967.

Renaldi, Thomas W. *José Juan Tablada: imágenes vanguardistas entre formas Modernistas. Texto crítico.* 12 (1979): 253-260.

Renan, Emst. *What is a Nation. Nation and Narration.* Ed. Homi Bhabha. London/New York: Routledge. 8-22.

Rippy, J. F and E. R. Brann. *Alexander Humboldt and Simón Bolivar. American History Review* 52 (1946-47): 701-710.

Rivera-Rodas, Oscar. *La poesía hispanoamericana del siglo XIX: del romanticismo al modernismo.* Madrid: Alhambra, 1988.

Rocasolano, Alberto, Ed. *Julián del Casal, la tristeza infinita: Antológia poética.* México, D. F.: Océano, 2002.

Rodó, José Enrique, y Emir Rodríguez Monegal. *Obras completas.* Madrid: Aguilar, 1967.

Rodriguez, Ileana. *House, Garden and Nation: Space, Gender and Ethnicity en Post-colonial Latin America Literature by Women.* Trans. Robert Car. Durham / London: Duke UP, 1994.

Rodríguez-Luis, Julio. Ed. *Re-reading José Martí, One Hundred Years Later.* NewYork: State University of New York P, 1999.

Rodríguez Pastor, Humberto. Comp. *Chinos Culíes: bibliografías y fuentes, documentos y ensayos.* Lima: Instituto de Apoyo Agrario o Instituto de Historia Rural Andina, 1984.

Rogers, Lawrence. *Tokyo Stories: A Literary Stroll.* Berkeley, California: U of California P, 2002.

Roggiano, Alfredo A. *José Juan Tablada: espacialismo y vanguardia. Hispanic Journal.* 1.2 (1980): 47-55.

Rojas, Rafael. *José Martí: la invención de Cuba.* España: Editorial Colibrí, 2000.

Romero López, Dolores. *Una relectura del "fin de siglo" en el marco de la literatura comaprada: teoría y praxis.* Perspectivas hispánicas. Bern: Peter Lang, 1998.

Roncajolo, Leontine. *Recuerdos,* trad. Marisa Vannini De Gerulewicz. Maracaibo: U del Zulia, 1968.

Rotker, Susana. *Fundación de una escritura: Las crónicas de José Martí.* La Habana: Casa de las Américas, 1992.

Ruedas de la Serna, Jorge. *De la gueisha a la mujer de hierro o la crítica en la edición de textos. Literatura Mexicana.* 13.2 (2002): 117-27.

Rykwert, Joseph. *The seduction of Place: The City in the Twenty-First Century.* New York: Pantheon Books, 2000. Said Edward W. *Orientalism.* New York: Vinatge Books, 1978.

---. *Orientalismo.* Trans. María Luisa Fuentes. España: Debolsillo, 2004.

---. *"Orientalism Reconsidered" Europe and Its Others.* Ed. Francis Barker et al, Colchester: U of Essex, 1986.

---. *"Yeats and Decolonization" en Nationalism, Colonialism and Literature.* Seamus Deane, ed. Minneapolis: U of Minnesota P, 1990.

---. *El mundo, el texto y el crítico.* Trans. Ricardo García Pérez. Argentina: Debate, 2004.

---. *Reflections on Exile and Other Essays.* Cambridge, Massachusetts: Harvard UP, 2000.

Salessi, Jorge. *Médicos maleantes y maricas.* Rosario: Beatriz Viterbo Editora, 1995.

Salinas, Pedro. *La poesía de Rubén Darío: ensayo sobre el tema y los temas del poeta.* Barcelona: Seix Barral, 1975.

---. *El problema del modernismo en España, o un conflicto entre dos espiritus. Estudios críticos sobre el modernismo.* Ed. Homero Castillo. Madrid: Gredos, 1968. 23-34.

Salvador Cofre, Álvaro. *El impuro amor de las ciudades.* Cuba: Casa de las Américas, 2002.

Sanetti, Susana. *La novela latinoamericana de entresiglos (1880-1920).* Facultad de filosofía y letras, U de Buenos Aires, 1997.

Santos Moray, Mercedes. *Empresa de corazón y no de mero negocio. Casas de las Americas.* 20.116 (1979): 3-13.

Sansom, George Bailey. *A History of Japan: 1615-1867.* Stanford studies in the civilizations of eastern Asia. Stanford, California: Stanford UP, 1958.

Sansom, Katharine. *Living in Tokyo.* New York: Harcourt, Brace & Company, 1937.

Sarmiento, Domingo F. *Viajes por Europa, África i América 1845-1847.* Ed. Javier Fernández. Madrid: Colección Archivos. 1997.

Sarduy, Severo. *De donde son los cantantes.* Madrid: Ediciones Cátedra, 1993.

Seigneuret, Jean-Charles. *Dictionary of Literary Themes and Motifs.* Greenwood: P. 1988.

Schulman, Ivan A. *Símbolo y color en la obra de José Martí.* Madrid: Editorial Gredos, 1960.

---. *Nuevos asedios al modernismo.* Madrid: Taurus, 1987.

---. *Modernismo/modernidad: Metamorfosis de un concepto*. Ivan Schulman. Ed. *Nuevos asedios al modernismo*. Madrid: Taurus, 1987. 11-38.

---. *El proyecto inconcluso : la vigencia del Modernismo*. México: Siglo veintiuno editores, 2002.

---. *Sobre los orientalismos del modernismo hispanoamericano*. *Casa de las Américas*. 223 (abril-junio 2001): 33-43.

--- and Evelyn Picon Garfield. eds. *Poesía modernista hispanoamericana y española*. Puerto Rico: Editorial de la U of Puerto Rico, 1999.

Schulman Ivan A. y Manuel Pedro González. *Martí, Darío y el Modernismo*. Madrid: Gredos, 1974.

Schurz, William L. *The Manila Galleon*. New York: Dutton, 1959.

Schwartz, William L. *The imaginative Interpretation of the Far East in Modern French Literature, 1800-1925*. Paris: Champion, 1927.

Segalen, Víctor. *Ensayo sobre el exotismo: una estética de lo diverso y textos sobre Gauguin y Oceanía*. México, D. F.: siglo XXI, 1989.

Seuc, Napoleón. *La colonia china de Cuba (1930-1960), antecedentes, memorias y vivencias*. Miami: Ahora Printing, 1998.

Shimizu, Norio. *El hispanismo en Japón*. *Boletín de la Fundación Federico García Lorca*. 33-34 (2003): 177-85.

Shohat, Ella. *Imaging Terra Incognita: The Disciplinary Gaze of Empire*. *Public Culture*. 3.2 (Spring 1991): 41-70.

Sibbald, Kay, R. de la Fuente, and J. Díaz. *Ciudades vivas/ciudades muertas: espacios urbanos en la literatura y el folklore hispánica*. Colección *Cultura iberoamericana*, 4. Valladolid: Universitas Castellae, 2000.

Silva, Alberto. *La invención del Japón*. Argentina: Vitral, 2000.

Silva, José de Asunción. *Obra completa*. Ed. Eduardo Camacho Guizado. Caracas: Ayacucho, 1981.

Soja, Edward W. *Postmodern Geographies: The Reassertion of Space in Critical Social Theory*. London: Verso, 1989.

Solé, Carlos A., and María Isabel Abreu. *Latin American Writers*. New York: Scribner, 1989.

Sommer, Doris. *Love and Country in Latin America: An Allegorical Speculation*. *Cultural Critique*. 16 (Autumn, 1990): 109-128.

Sosa, Víctor. *El oriente en la poética de Octavio Paz*. México: Secretaría de Cultura, 2000.

Spalding, J.W. *Japan and The Around World*. New York, Redfield, 1855.

Spencer, Sharon. *Space, Time and Structure in the Modern Novel*. New York: UP, 1971.

Spivak, Gayatri Chakravorty. *In Other Worlds: Seáis in Cultural Politics*. New York: Methuen, 1987.

Spurr, David. *The Rhetoric of Empire: Colonial Discourse in Journalism, Travel Writing and Imperial Administration*. Durham/London: Duke UP, 1993.

Silverman, Kaja. *Male Subjectivity at the margins*. New York/ London: Routledge, 1992.

Steinberg, S. H. *Five Hundred Years of Printing*. Harmondsworth: Penguin, 1966.

Subero, Efraín. *Literatura del subdesarrollo*. Caracas: Equinoccio – Editorial de la Universidad Simón Bolívar, 1977.

Szyliowicz, Irene I. *Pierre Loti and the Oriental Women*. New York: St. Martin's P, 1988.

Tablada, José Juan. *Icha-No-Yu. Revista Moderna.* (2ª quincena diciembre 1900): 370-3.

---. *El Florilegio.* Paris: Vda. de Ch. Bouret, 1904.

---. *En el país del sol.* New York: Appleton & CIA, 1919.

---. *La feria de la vida (memorias).* México, Botas, 1937

---. *José Juan Tablada: letra e imagen.* Coordinador, Rodolfo Mata. CD-Rom. México: UNAM, 2003.

Tanabe, Atsuko. *El japonismo de José Juan Tablada.* México: UNAM, 1981.

Tanco Armero, Nicolás. *Viaje de Nueva Granada a China, París.* 1871.

Tudesco, Ítalo. *Modernismo, americanismo y literatura infantil. América en Martí y Darío.* Caracas: U Católica Andrés Bello, 1998.

Tinajero, Araceli. *Orientalismo en el modernismo hispanoamericano.* Indiana: Purdue UP, 2004.

Torres, Edelberto. *Enrique Gómez Carrillo, el cronista errante.* Guatemala: Librería Escolar, 1956.

Torres-Pou, Joan. *El discurso colonial en las crónicas sobre el Japón de Enrique Gómez Carrillo. Bulletin of Hispanic Studies.* 82.2 (April 2005): 185-194.

Tuan, Yi-Fu. *Topophilia: A study of Environmental Perception, Attitudes and Values.* Englewood Cliff: Prentice Hall, 1974.

---. *Space and place: The perspective of Experience.* Minneapolis: U of Minnesota P, 1991.

Ugarte, Manuel. *Escritores iberoamericanos de 1900.* México: Editorial Vértice, 1947.

Uscatescu, Jorge. *El espacio en el Arte. Cuadernos hispanoamericanos*. 297 (1975): 623-635.

Villena, Luis Antonio de. *Un camino simbolista de Julián del Casal. El simbolismo*. Ed. J. Olivio Jiménez, Madrid, Taurus, 1979.

Volek, Emil. *Cuatro claves para la modernidad*. Editorial Credos: Madrid, 1984.

Weinberger, Eliot. *Paz in Asia. Outside Stories, 1987-1991*. New York: New Directions, 1992.

White, Hayden, ed. *Metahistory: The Historial Imagination in Nineteenth Century Europe*. Baltimore: The John Hopkins UP, 1975.

---. *The Content of the form: Narrative Discourse and Historical Representation*. Baltimore: The John Hopkins UP, 1987.

Xirau, Ramón. *Del modernismo a la modernidad. Lecturas. Ensayos sobre literatura española*. México: Coordinación de Humanidades, UNAM, 1983: 63-79.

Zanetti, Susana. *La novela latinoamericana de entre siglos*. Buenos Aires: Instituto de Literatura Hispanoamericana, Facultad de Filosofía y Letras-UBA, 1997.

Zavala, Iris. *Colonialism and Culture, Hispanic Modernisms and the Social Imaginary*. Bloomington/Indianapolis: Indiana UP, 1992.